小学性教育
教师用书

/主编/
苟萍 杨蓉 陈玉梅

四川大学出版社
SICHUAN UNIVERSITY PRESS

图书在版编目（CIP）数据

小学性教育教师用书 / 苟萍，杨蓉，陈玉梅主编．
成都：四川大学出版社，2025.6. -- ISBN 978-7-5690-7894-7

I．G479

中国国家版本馆 CIP 数据核字第 2025XP7586 号

| 书　　名：小学性教育教师用书 |
| Xiaoxue Xingjiaoyu Jiaoshi Yongshu |
| 主　　编：苟　萍　杨　蓉　陈玉梅 |

选题策划：梁　平　杨　果
责任编辑：梁　平
责任校对：杨　果
装帧设计：裴菊红
责任印制：李金兰

出版发行：四川大学出版社有限责任公司
　　地址：成都市一环路南一段 24 号（610065）
　　电话：（028）85408311（发行部）、85400276（总编室）
　　电子邮箱：scupress@vip.163.com
　　网址：https://press.scu.edu.cn
印前制作：四川胜翔数码印务设计有限公司
印刷装订：四川省平轩印务有限公司

成品尺寸：148 mm×210 mm
印　　张：10.625
字　　数：249 千字

版　　次：2025 年 8 月　第 1 版
印　　次：2025 年 8 月　第 1 次印刷
定　　价：58.00 元

本社图书如有印装质量问题，请联系发行部调换

版权所有 ◆ 侵权必究

扫码获取数字资源

四川大学出版社
微信公众号

编委会

主　编：苟　萍（成都大学）
　　　　杨　蓉（成都市郫都区嘉祥外国语学校）
　　　　陈玉梅（成都市龙泉驿区百悦成龙学校）

副主编：马　骋（成都大学）
　　　　徐海燕（成都大学）
　　　　曹云飞（成都大学）
　　　　商　婧（成都市龙泉驿区第二小学校）
　　　　李妍伶（吉利学院）
　　　　王洁琳（吉利学院）

编　委：龚满满（成都大学）
　　　　徐金璐（成都大学）
　　　　龙虹宇（成都大学）
　　　　庞　源（成都大学）
　　　　王宇琦（吉利学院）
　　　　李婧雯（吉利学院）
　　　　黄雪梅（吉利学院）

前言

本套性教育教师用书由五个分册组成，分别为幼儿园分册、小学分册（一年级至六年级）、初中分册（七年级至九年级）、高中分册（高一到高三），以及培智学校分册。这是专门为基础教育阶段的教师编写的，用于开展基于生活技能的全面性教育课堂教学，旨在促进我国基于生活技能教育的性教育课程制度化。

儿童和青少年是国家的未来、民族的希望。《中国儿童发展纲要（2021—2030）》在"儿童与健康"第12条明确提出"适龄儿童普遍接受性教育"的目标；为确保这一目标的实现，在"策略措施"第14条要求"将性教育纳入基础教育体系和质量监测体系，增强教育效果"①。

基于接受性与性行为的整体愿景，全面性教育不仅包括如何预防怀孕和性传播疾病感染，还可使儿童和青少年能够获取有关人类性行为、性与生殖健康以及人权的准确信息，探索和培养儿童和青少年有关性与生殖健康、自尊、尊重人权和性别

---

① 国务院. 中国儿童发展纲要（2021—2030）［EB/OL］（2024-08-19）［2025-05-08］. https://www.nwccw.gov.cn/2024/08/19/99695018.html.

平等方面的积极的价值观和态度，并鼓励他们的批判性思维。这些技能有助于他们与家庭成员、同龄人、朋友以及恋人建立更好和富有成效的关系。

本套教师用书由四川省青少年性教育普及基地和四川省中小学一线性教育师资队伍共同编写。四川省青少年性教育普及基地一直以来推行学校性教育成绩显著，团队技术力量强大，有着丰富的性教育师资职前培养和职后培训经验，并且基地团队成员及四川省中小学一线性教育教师接受过多轮参与式性教育培训，熟悉以学习者为中心的教学方法，有能力编写一套供中小学（幼儿园）使用的性教育教师用书。

全面性教育是基于课程的教育，旨在培养儿童和青少年的相关知识、技能、态度和价值观，使他们能够随着情感和社会的不断发展，形成积极的性观念。在本套教师用书出版之际，一是希望本套教师用书能够帮助青少年更有权利对包括性与生殖健康在内的性行为做出明智的决定，培养保护自己所需的生活技能，同时尊重他人的权利。二是希望本套教师用书能够引领更多的中小学教师共同参与，从而真正促进中国青少年的性与生殖健康及权利的实现。三是真诚地希望各位使用者在实践中对本书的内容加以完善，并提出中肯的建议与意见，与我们一同推进中国青少年性与生殖健康教育的发展。

本书凝聚了团队成员的集体努力与心血。

本书附有部分案例供性教育教师选用或参考。其中来自书籍的案例均注明了出处。有一些未注明出处的，是来自网络或由一线教师在教育工作实践中根据真实案例改编而成的，为保护未成年人的隐私，这些案例一律不出现地区和学校名称，案例中涉及的人物一律采用化名处理。教师也可在授课中使用自己工作实践中经历的案例，这样的案例可能更贴近学生的生活实践。

感恩一切，砥砺前行！

苟　萍
2025年5月25日

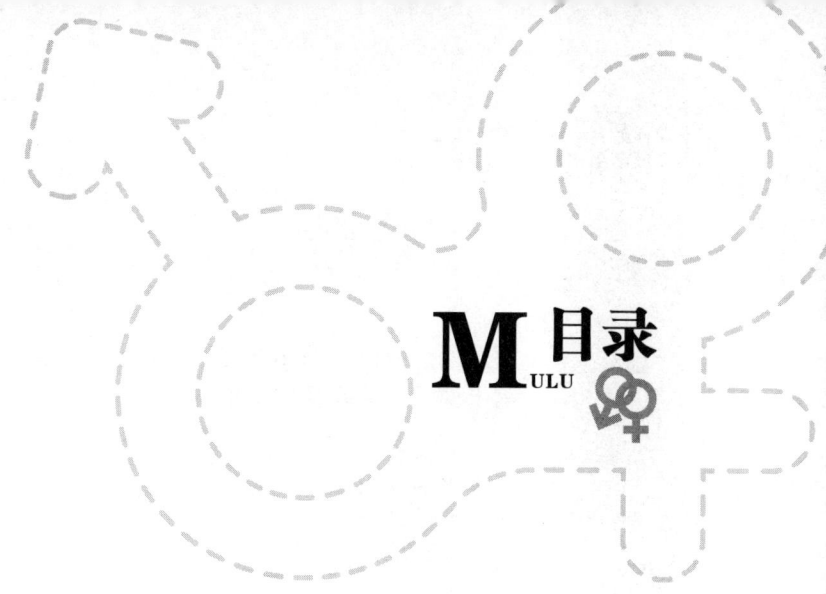

目录

001 / 小学儿童性心理发展特点
015 / 中小学教师应具备的性教育素质
028 / 中小学性教育课堂教学方法策略

一年级（上学期）

038 / 第一课　认识我自己
040 / 第二课　我的朋友
042 / 第三课　了解我们的身体
045 / 第四课　我从哪里来
048 / 第五课　胎儿的宫殿

一年级（下学期）

052 / 第六课　我很特别　你也很特别
055 / 第七课　我有一个家
063 / 第八课　男孩女孩不一样

070 / 第九课　身体的隐私部位
075 / 第十课　身体隐私的保护与尊重

二年级（上学期）

080 / 第一课　朋友的影响
085 / 第二课　形式多样的沟通
089 / 第三课　学会倾听
095 / 第四课　学习做决定
100 / 第五课　我的身体感觉

二年级（下学期）

104 / 第六课　男孩的身体
109 / 第七课　女孩的身体
113 / 第八课　我们一样棒
117 / 第九课　传媒与我
120 / 第十课　健康小卫士

三年级（上学期）

126 / 第一课　我是家庭的一员
129 / 第二课　怎样做朋友
133 / 第三课　敢于拒绝
137 / 第四课　身体红绿灯
141 / 第五课　性话题，这样谈

三年级（下学期）

150 / 第六课 不一样的价值观
153 / 第七课 处理愤怒的方法
157 / 第八课 成长中的变化
162 / 第九课 有的疾病会传染
166 / 第十课 认识艾滋病

四年级（上学期）

170 / 第一课 风雨同舟我的家
174 / 第二课 关系知多少
179 / 第三课 飘扬的红丝带——了解艾滋病
184 / 第四课 尊重不一样的他/她

四年级（下学期）

190 / 第五课 做独特的自己
195 / 第六课 我的身体我做主（一）
200 / 第七课 我的身体我做主（二）
204 / 第八课 人人享有权利
207 / 第九课 如果我来做爸妈
210 / 第十课 远离毒品　健康成长

五年级（上学期）

218 / 第一课 青春期那些事之身体发育
230 / 第二课 青春期那些事之生命密码

236 /	第三课	青春期那些事之卫生保健
242 /	第四课	寻找别样的美
246 /	第五课	五彩缤纷的世界

五年级（下学期）

252 /	第六课	有爱也会爱
257 /	第七课	有效交流
262 /	第八课	怎么做决策
266 /	第九课	有所为有所不为
272 /	第十课	安全距离　预防骚扰

六年级（上学期）

278 /	第一课	我还不想当爸妈
285 /	第二课	让艾有爱
289 /	第三课	保护自己免受侵害
297 /	第四课	反对欺凌，友好相处
303 /	第五课	支持，我会找

六年级（下学期）

308 /	第六课	传媒中的性信息
315 /	第七课	媒体男女
319 /	第八课	突破性别印象　大胆畅想职业
322 /	第九课	迈向青春　走向成熟
326 /	第十课	青春的悸动

小学儿童性心理发展特点

小学儿童的生理发展在这一阶段相较于幼儿时期和青春期来说处于一个平缓发展的时期。这一时期变化最明显的是儿童的认知发展,特别是思维的发展。这个时期是个体发展的重要转折点,它衔接着幼儿期和青春期,为青春期做着准备。本章将从小学儿童的生理发育、认知发展和个性以及社会性来介绍小学儿童的发展,并对这一时期的性心理发展特点进行相应阐述。

一、小学儿童的生理发育

体格 相较于婴幼儿时期儿童身高、体重的迅速发展,小学时期的儿童身体发育平稳。

大脑 小学儿童大脑开始逐步发育成熟,大脑脑重在7岁左右会达到近乎成人的水平,脑重的增加并非由于大脑神经元数量的增加,而是神经元之间的连接髓鞘化使得神经细胞结构更加复杂化,神经纤维分支增多,长度也在增长。大脑的发育则会给儿童的认知以及个性、社会性的发展提供坚实的基础。

性生理 当今,受到各种因素影响,儿童性生理发育有逐渐提前的趋势,小学阶段的儿童也可能会有"第二性征"出现,如美国的研究指出女孩乳房开始发育的平均年龄为9.7岁,而月经初潮的年龄大概会出现在乳房发育后的2.3±1.0年后；欧洲的研究者则发现欧洲女孩的乳房开始发育年龄大概为9.86岁，这相较于以往所报告的年龄都有所提前。我国研究者发现，中国城区男生睾丸开始发育的中位年龄为10.55岁，阴毛开始出现的中位年龄为12.78岁，首次遗精的中位年龄为14.05岁[①]；女生乳房发育出现变化的中位年龄为9.20岁，阴毛开始出现的年龄为11.16岁，月经初潮的中位年龄为12.27岁[②]。所以，在小学高年级有儿童已经开始进入青春期。

二、小学儿童的认知发展

大脑的发展为小学儿童的认知发展奠定了基础。由于大脑的髓鞘化程度越来越高，大脑神经网络发展迅速，在小学阶段儿童完成各种认知任务的信息加工时间相较于前一阶段会迅速地减少。另外，大脑加工速率的提高可能会让儿童能够在工作记忆中容纳更多的信息并用于加工，这会让儿童的思维更为复杂而有效。

注意 小学时期的记忆更具选择性、调节性和计划性的特点。儿童擅长于有意识地注意那些与目标有关的任务。随着年龄的增长，年级更高的儿童可以灵活地根据任务要求来对自己的注意进行调整。相较于幼儿时期，小学阶段儿童的注意表现

---

① 中华医学会儿科学分会内分泌遗传代谢学组青春发育调查研究协作组.中国九大城市男孩睾丸发育、阴毛发育和首次遗精年龄调查[J].中华儿科杂志，2010，48（6）：420.
② 中华医学会儿科学分会内分泌遗传代谢学组青春发育调查研究协作组.中国九大城市女孩第二性征发育和初潮年龄调查[J].中华内分泌代谢杂志，2010，26（8）：671.

出更好的计划性。面对多个部分组成的任务，小学阶段的儿童会更有计划，可以有顺序地决定先做什么、后做什么。注意的稳定性随着儿童年龄增长也在不断发展，并且表现出一定的性别差异。总体来说，女生的注意稳定性要好于男生。

记忆　小学低年级的儿童在记忆事物时较多采用的策略是进行简单的复述，即不断地对所要记忆的信息进行重复。之后会慢慢发展出另外一种记忆策略——组织，即把相关材料加以分组。到小学高年级阶段，儿童开始在两种或多种不同种类的信息之间建立共同的意义。他们开始使用精细加工策略加工记忆材料。随着更加有效的记忆策略的使用，小学时期儿童的记忆广度随之提升。在一项数字记忆广度测试任务中，小学儿童的数字记忆组块从7岁时的4个，提高到12岁时的7个。

思维　小学阶段是人类思维发展的一个重要转折时期。在这个阶段儿童的大脑发育日渐成熟，加之教育的影响，各种心理过程的有意性和抽象概括性开始发展。小学儿童的思维逐步过渡到以抽象逻辑思维为主要形式，但仍然具有相当大的具体性。小学的低年级儿童所掌握的概念大部分是较为具体和可以直接感知的，而如果要让低年级儿童指出概念中较为本质的东西则较为困难。根据瑞士儿童及发展心理学家皮亚杰的认知发展理论，小学阶段的儿童正处于"具体运算阶段"，儿童较多地通过具体的事物进行操作来完成思维加工。小学低年级儿童由于生活经验的缺乏以及智力水平的限制，往往不能从事物的本质属性出发去认识和掌握事物的概念。小学儿童对事物逐渐从不能理解，慢慢开始用词造句，理解具体事例的直观特征、重要属性、实际功用、种属关系到最后开始进行正确的定义。

随着年龄的增长，儿童的数学概念、空间方位概念、自然概念、社会概念、时间概念、科学概念、自我概念、美学概念、幽默概念等都会不断地丰富起来。小学高年级的儿童则逐步学会分辨出概念中本质的东西和非本质的东西，开始掌握初步的科学定义，学会独立进行逻辑论证。

小学低年级到高年级之间的思维形式过渡存在着一个关键年龄。一般认为从小学四年级开始，儿童的思维形式开始由具体思维向抽象思维过渡，而进行适当的教育则可以将这个时间提前到小学三年级。另外，这种思维的发展表现出一定的不平衡性，不同的思维对象、不同的学科和不同的教育都存在着差异，甚至在性别上也存在着一定的差异。儿童已经能够较好地完成守恒任务（例如，将液体从一个矮小的容器倒入另一个又长又细的容器中，并不会改变液体的质量）和分类任务。

儿童掌握较为复杂的知识经验和语法结构，可为儿童推理能力的发展奠定基础。推理能力由直接推理开始发展，小学一、二年级为一个发展阶段，三、四年级为一个阶段，五年级之后为一个阶段，其中四、五年级是儿童思维发展的一个加速时期。随着年龄的增长，小学儿童推理范围也在加大，推理的步骤愈加简练，推理的正确性、合理性和推理品质的逻辑性和自觉性也在加强。小学儿童类比思维发展存在着年龄阶段性，个体所处的教育环境会直接影响到其思维的发展水平。另外，小学儿童的思维敏捷性在不断发展，主要表现为运算速度的不断提高。思维灵活性也在不断地发展，主要表现为儿童能根据问题进行"一题多解"的数量增加，儿童的组合分析水平也在不断地提高。

元认知　元认知被视为联结行为表现的关键所在，能够有效地帮助儿童对认知和行为进行评估和调整。在6岁左右，儿童开始知道自己的记忆会有出错的时候，在小学阶段他们能意识到有意义的材料更加易于记忆，但他们的元认知以及知识水平还相对较低。虽然儿童的元认知能力有所发展，但他们还不擅长进行认知自我控制，即持续监控目标进程、检查结果、对无效的努力进行修正。

三、小学儿童的个性与社会性发展

随着小学儿童和家长、教师以及同伴之间交往的深入，小学儿童的社会交往更加丰富。这些对他们自身的个性以及社会性都会带来一系列的影响。

自我意识　随着年龄的增长，儿童自我意识不断发展，小学时期正处于获得社会自我的客观化时期。自我意识的成熟往往标志着个性的基本形成。小学儿童自我意识的发展在一年级到三年级是上升时期，一年级到二年级上升幅度最大，是上升期的主要发展时期。三年级到五年级处于平稳时期，五年级到六年级处于第二个上升时期。随着儿童思维的发展，其自我意识也会更加深刻。他们不仅能摆脱对外部控制的依赖，也逐渐发展使用内化的行为准则来监督、调节、控制自己的行为，开始从对自己的表面行为的认识、评价转向对自己内部品质的更深入的评价。小学阶段也是儿童进行角色学习的最重要时期。小学儿童不断地发展对自己和他人的观点、情绪、思想、动机的认知能力，以及对社会关系和集体组织间关系的认知能力。

随着他们与社会的交往经验日益增多，特别是与自己的同伴之间的交往和活动，儿童开始注意到他人与自己对事物的认识和

反应的不同。开始认识到他人不仅与自己有不同的思维和情感，而且在相同情况下可能会做出不同的反应。小学阶段儿童的观点选择能力会不断地发展，以帮助他们理解他人的思想与情感。小学阶段6~8岁期间，儿童开始意识到他人可能会有不同的观点，但他们并不能理解这种差异的原因。他们会根据他人的行为来判断其内心的想法，认为所做即是别人所想的，并不能理解他人在行为前的思想。8~10岁，儿童开始逐渐认识到即使自己和他人获得相同的信息，自己与他人的观点也可能会有差异，甚至是冲突。他们可以考虑他人的观点并预期他人的行为反应。10~12岁，儿童能够考虑自己和他人的观点并认知到他人也可能这样做，能够以一个客观的旁观者的身份来解释和反应。角色选择能力随着儿童年龄增长而发展，有些儿童或许会因为一些过失行为造成角色选择能力低于他人，但这可以通过训练加以矫正。

另外，心理学家班杜拉提出了"自我效能感"来解释儿童如何评估他们对特定领域的能力。自我效能感是指个体对自己能顺利完成特定情境要求的行为的信心感。有研究表明，儿童的信心对于儿童的学业成绩是一个重要的影响因素，不同自信水平的学生的学业总成绩及数学、语文和英语的成绩差异非常显著。此外，3~9岁儿童的自信心总体上存在着明显的年龄差异，儿童的自信心会随着年龄的增长而呈现曲线式的上升。3~9岁儿童的自信心发展总体上存在着显著的性别差异，女孩的总体自信心发展水平要略高于男孩[①]。

---

① 王娥蕊，杨丽珠.3—9岁儿童自信心发展特点的研究［J］.辽宁师范大学学报（社会科学版），2006，29（3）：47.

儿童的自我效能感受到其已有成就或者解决同类问题的先前经验的影响；儿童对他们在各领域的总体评价都以他们过去在该领域中所取得的成就为基础；儿童成功的经历会增强他们的自我效能感，而失败的经历则会破坏其自我效能感。儿童在最初尝试任务时所经历的失败，往往具有决定性的影响。例如，当儿童开始尝试一项新的任务时，刚开始学习就犯了很多错误，而后儿童会开始怀疑自己的能力，而导致他们中途放弃。一些替代性的经验也会影响到儿童的自我效能感：儿童在不断地观察模仿学习，当他们看到一个和自己相似的人成功地完成了某项任务时，他们的自我效能感会得到增强；而如果观察到别人失败的经历，则会降低他们的自我效能感。此外，言语上的口头劝说也会影响到儿童的自我效能。对儿童的鼓励会使其相信自己具有完成某种任务的能力。他人的鼓励对自我效能感强的儿童影响最大，来自他人的帮助将使他们发挥出更高的水平。个体面对任务时的身体状态也会对其自我效能感产生影响。在接到任务时，儿童常常要根据自己的身体情况去判断自己是否能做好。当他们感到焦虑和恐惧的时候，就会估计自己可能失败；而那些适当程度的激动和好奇，则更可能使他们预期自己成功。

情绪　8岁左右开始，儿童慢慢懂得他们在一件事情上能体验到不止一种情绪，这种情绪可能是消极的，也可能是积极的。儿童同时感受到不同的情绪，可使儿童意识到人们的情绪表达有时并不是他们真实的感受。儿童依靠表情、言语和副言语以及身体动作等线索来对他人的情绪进行识别；而对自己的情绪进行识别时，主要依靠自己的内部心理活动、表情和身体动作。

小学阶段开始，儿童的情绪调节能力迅速发展。这可能与他们和同伴之间的交往增多有关，因为他们必须学会管理威胁其自尊的一些消极情绪。到10岁左右，儿童能够使用两种方法进行情绪调节，并且在这两种方法间转换。一方面，儿童把情景看作是可变的，先查明存在的困难，再决定怎么办。另一方面，儿童隐藏内心，对外部结果无能为力的时候控制悲伤。随着儿童情绪调节能力的发展，他们会形成情绪自我效能感，能够产生对自己情绪体验的控制感。情绪调节良好的儿童在心境、共情和亲善行为方面都是乐观向上的；而情绪调节能力较差的儿童则会冲动地宣泄消极情绪，影响到亲善行为和同伴的接纳。

自尊　自尊在个体处于幼儿期便已出现并发展。儿童进入小学阶段后，他们会更多地与自己的同伴比较，自尊会分化并调整到一个更为现实的水平。儿童会慢慢形成学习能力、社交能力、身体/运动能力以及身体外貌等方面的自尊，并且由这些方面形成一个整体的自尊水平。在小学低年级阶段，儿童会在这些方面对自身进行评价，自尊水平有所下降。而到高年级阶段，大部分小学儿童的自尊水平都会有所提高。另外，小学儿童的自尊表现出一定的性别和年龄差异，在小学时期女孩通常会比男孩有更高的自尊，而当进入青少年时期，男孩则会比女孩有更高的自尊。父母的教养方式对儿童的自尊发展有着显著的影响。如果父母对儿童采取"温暖与理解"的教养方式，会促进儿童自尊的发展；而如果父母对儿童采取"惩罚与严厉""过分干涉""拒绝与否认""过度保护"等教养方式，则会不同程度地阻碍儿童自尊的发展①。

道德 儿童会采用一些原则来评估既定行为是对还是错的，并通过这些原则来管理自己的行为。根据皮亚杰的道德发展理论，小学低年级儿童处于一种独裁的环境当中，他们只能根据对成年人的意图进行推测来判断自己的立场和位置。而随着年龄的增长，小学高年级的儿童则会更多地基于自己和同伴之间的关系进行自律的道德判断。

小学儿童道德认知特点体现为道德理解力和判断力。在小学低年级，学生能理解一些道德概念，其理解水平停留在表面，看不到本质，学生常把谨慎和胆小、勇敢和鲁莽等行为混淆。在小学四年级的时候，儿童的理解尽管还需要一定的形象材料做支柱，但已经有一定的道德概括水平。儿童很早就已经表现出了亲社会行为，在教育的影响下，随着儿童年龄的增长，他们会不断接受各种社会强化，亲社会行为呈现逐渐增长的趋势。

另外，在进入小学后，许多儿童的攻击行为也会明显地减少。这可能是由于儿童的社会认知能力提高，他们能够较好地区分偶然的和有目的的激怒行为，并学会宽容他人的无意识的伤害行为，对有意识的攻击行为也常常不再直接反击，而是还以非身体攻击的言语回击。

人际关系 进入小学后，父母和儿童之间的关系相较于学前阶段发生了一定的变化。父母和儿童的交往时间明显减少。

---

① 魏运华.父母教养方式对少年儿童自尊发展影响的研究[J].心理发展与教育，1999，15（3）：9.

父母在儿童教养方面所侧重的东西也发生了变化。小学阶段父母主要处理儿童诸如发脾气、打架等问题。随着儿童年龄的增长，儿童的自主性在小学阶段发挥着重要作用，儿童越来越多地学着自己做出决定。而在6岁以前，大多数的决定是由其父母做出的。6~12岁，则是由父母和儿童共同做出决定。父母在此期间的主要作用在于：一定距离的监督和引导儿童的行为，有效利用与儿童直接交流的时间，加强儿童自我监督行为和教儿童知道何时寻求父母的帮助。12岁以后，儿童更多的是自己做出重要的决定。

同伴关系在小学阶段对于儿童的发展有着至关重要的作用。在小学阶段儿童更倾向于与自己同性别的伙伴在一起。这一现象被称为性别隔离或性别分化。性别分化的社会距离在小学阶段不断增加，整个童年中期都存在着强烈的性别对立，三年级时期开始分为两个性别阵营，到五年级的时候达到顶峰。5~6年级的男孩非常不喜欢所谓的公平对待。他们比同年龄的女孩更加健康和充满热情，喧嚣而吵闹。教师对男孩的管教相对会更加严厉，而男孩则经常抗议教师偏袒女孩。这个阶段，女孩对教师抱怨最多的是男孩的行为。

在与同伴的交往过程中，儿童间会慢慢地形成友谊。3~7岁的时候，儿童还没有形成友谊。这个时期儿童之间的关系总是短暂的，他们总是通过某种物质联系在一起，比如他们可能是短暂的游戏伙伴。4~9岁的儿童关系被称为单向帮助阶段。这个时期，儿童会认为服从和满足自己的愿望和要求的伙伴是自己的朋友，否则就不是朋友。6~12岁为儿童的双向帮助阶段，儿童开始明白友谊需要双方的付出，但有时候也具有一定的功利性。9~15岁为亲密的共享阶段。儿童会认为朋友之间可以相互分享，保持信任和忠诚，同甘共苦。进入青春期后，则是友谊发展的最高阶段。

小学阶段存在的另一种常见现象是儿童之间的同伴团体，这种同伴团体为儿童提供了学习与同龄伙伴交往的机会。在团体中，儿童可以提高相互交往技能，学会按照同伴团体的标准建立适宜的反应模式。另外，同伴团体也可为儿童提供形成和评价自己的环境，同伴之间的反应与拒绝能使儿童对自己有更清楚的认知。

进入小学阶段后，小学儿童与教师之间的关系是一种极为重要的人际关系。在儿童眼中，小学教师拥有权威性，几乎所有儿童在小学阶段都对自己的教师充满了崇拜和敬畏。这也符合道德发展中皮亚杰所提出的道德发展规律，在6~8岁儿童处于权威定向阶段，对于他们来说，教师的话是毋庸置疑的。此时要重视教师在儿童心目中的地位，因为教师会直接影响到儿童的很多方面，例如著名的罗森塔尔效应。教师对自己学生能力的期望可能以客观的评价为基础，也可能来自对特定类型学生的刻板印象或以往经验形成的偏见。另有研究发现，积极的师生关系对小学生创造性思维和创新自我效能感有显著的正向预测作用，能够通过创新效能感促进小学生的创造性思维发展。

四、小学儿童性心理与行为的特点

弗洛伊德的性心理发展阶段将小学阶段界定为"潜伏期"，认为在这个时期儿童的性和攻击的冲动受到压抑，只能在无意识中活动，这一时期需要解决的问题是恋母情结。

此阶段儿童明白了，大人们反对他们在公众面前裸体或者随意触碰自己和他人的生殖器官。这使得他们不太可能在公众面前裸着走来走去，也不会触摸自己的生殖器官。

儿童更多地在嬉戏（"性游戏"）的环境中探索自己和其他人的身体：玩"妈妈和爸爸"或是"医生和护士"的游戏。最初是在外面玩，后来就偷偷玩，因为他们已经知道了不能在公众场合裸体。

"脏话相"：孩子们发现了他们的界限。他们发现说某些词可激起他们周围人的反应，这对他们来说很兴奋、很有趣，所以他们不断重复那句话。

这个年龄段的孩子（7岁以前）对生殖非常感兴趣，有着无穷无尽的问题，比如"孩子是从哪里来的"。

大多数孩子开始对身体接触方面有羞怯感，开始勾勒界限。

儿童已经能够很好地区分不同性别之间的差异，仅有少数低年级儿童还不清楚。

儿童产生有关性别角色的基本看法，明确"男孩应该做什么"和"女孩应该做什么"。

关于性的问题变少，但这并不意味着他们的兴趣减少。他们已经注意到，性爱是一种需要遮掩的主题，不适合在公众面前谈论。

儿童幻想很多，常借助于他们周围（家庭、学校、电视等）所看到的。此时他们常常混淆幻想和现实。他们的幻想可能是关于爱情的。

男孩和女孩的群体形成，而且都在"试探"对方，出现性别隔离。男孩常常觉得女孩既"愚蠢"又"幼稚",而女生则倾向于认为男生"太粗暴"、行为"强硬"。

在群体中(班级或是朋友),他们往往会发现,展现自己多么像大人、多么坚强、多么聪明是很重要的。孩子们试图超越彼此。他们希望表明自己对大龄儿童和成人世界有所了解。其中一种方式就是展示自己知道多少性知识或是用带有性色彩的语言。儿童用性相关的词语来押韵,互相讲性笑话(黄色笑话),但他们常常并不了解其中的真实含义。

青春期开始,部分高年级的小学生开始出现性激素分泌,表现在行为和身体发育方面,也体现在认知和情感情绪波动方面。女孩通常比男孩提前两年进入青春期,有明显的身体变化,包括乳房发育及长高。

大约从10岁起,他们变得更热衷于成人的性欲。他们有了更多性幻想,通过书籍、电视和网络来听和看各种各样的东西,引起他们的好奇。不过,如果你试图跟他们谈性的话,他们的反应可能是假正经或是变得无礼。

从10岁开始,他们可能会采取一些最初的行为:开始尝试约会,尝试一些谨慎的发展(牵牵手或者亲吻脸颊等)。

11~13岁,他们开始专注于对身体以及性器官的具体了解,特别是关于异性的。自我认识的形成与自我形象有着密切的联系。青春期也是青少年提高知识能力和经验道德发展的一个阶段。

在青春期,随着性发育的加速,青少年在学习和形成关于性的观念以及采取相关行动时,通常需要通过与他人的互动或借助他人的帮助来实现。性成熟过程也进行得如火如荼,男孩和女孩之间的差异更加明显。作为倾诉的对象，同性朋友在青春期早期阶段很重要，同时，他们开始排斥异性。在青春期，身体发育和心理状况出现差异。

青春期是青少年经历的一个剧烈反应的时期。他们逐渐学会思考那些感知意外的事情，或是没有亲身体验过的事情，也有可能开始内省。此外，青少年开始培养将各项个人素质结合起来的能力，使之成为一个整体，来思考解决问题的办法。

中小学教师应具备的性教育素质

全面性教育（Comprehensive Sexuality Education）提出的"科学准确、循序渐进、适应年龄和发展水平、全面综合、基于人权原则、基于社会性别平等、文化相关性和环境适宜性、促进根本性变化、能够培养出健康选择所需的生活技能"[1]等理念已在国际范围内达成共识。性教育工作者可能是原来的授课教师（尤其是健康教育或者生活技能教育教师），或者是接受过专门训练的性教育教师，他们通常需要辗转于各个班级，教授各个年级性教育课程。中小学教师的性教育素质集中表现在性教育理念、性教育知识、性教育能力、性法律意识四个方面。

一、性教育理念

全面性教育是一种基于生活技能的性教育课程，探讨性的认知、情感、身体和社会层面的意义的教学过程，其目的是使儿童或年轻人具备一定的知识、技能、态度和价值观，从而确

---

[1] 联合国教科文组织. 国际性教育技术指导纲要（修订版）［EB/OL］.（2018-07-17）［2025-05-09］. https://unesdoc.unesco.org/ark:/48223/pf0000260770_chi?posInSet=1&queryId=01c60311-1dfb-4d59-a36a-7cfbe30e505f.

保其健康、福祉和尊严①。中小学性教育包括性生理、性心理、性的社会文化内涵、维护性健康、预防性疾病、性别意识、性别社会化、性别平等及家庭生活等诸多方面。教师应坚持性健康科学的态度，树立科学的性教育理念，充分关注学生的性成长，认识到学生性成长的特点与需求，并加以适时、适当、适度的引导和解答。

全面性教育培养相互尊重的社会关系和性关系，帮助儿童和年轻人学会思考自己的选择如何影响到自身和他人的福祉，并终其一生懂得保护自身权益①。因此中小学性教育教师要打破"无须教育论"和"无师自通论"的观点，坚持"以人为本"的学生观，承认性知识对于学生发展的重要性，充分认识到学习性教育是促使学生人格完善的重要途径，要与学生形成共同参与、全程互动的课程教学观，并在教学中赋予学生自由表达自己想法和提出疑问的机会，通过交流和分享等途径构建动态教学过程。

教授性教育课程通常都会涉及新的概念和教学方法，因此教师意识提升、价值观澄清和参加培训就很重要。通过系列培训，教师应掌握并实践参与式教学法，平衡好内容学习和技能学习的关系，以将要实际开展的课程为基础，提供关键课程内容的模拟教学机会，有清晰的教学目标和远期目标，并接受教学效果反馈。此外，培训有助于教师区分个人价值观和学生对健康的需求，提升其能力和信心，鼓励他们完整地而不是有

---

① 联合国教科文组织. 国际性教育技术指导纲要（修订版）[EB/OL]. (2018-07-17) [2025-05-09]. https://unesdoc.unesco.org/ark:/48223/pf0000260770_chi?posInSet=1&queryId=01c60311-1dfb-4d59-a36a-7cfbe30e505f.

选择性地教授课程，应对推行全面性教育时可能会出现的挑战（比如班级规模较大）。

二、性教育知识

（一）广博的性保健与性文化知识

从事性教育工作的中小学教师应具备广博的性保健与性文化知识，其内容应涉及动植物有性生殖过程中的关键生物学现象、性文学与性艺术作品赏析、性审美与性美学、性生理卫生保健等。这些知识不仅可以为师生交流创造更多共同语言，把性教育渗透到课堂教学、班级活动、校园文化等多项活动之中，使性教育过程丰富多彩、生动活泼，与学生拉近交往距离，也有助于教师及时准确地发现并解决学生遇到的更多性问题。

（二）系统而全面的性教育专业知识

性教育专业知识包括性生理系统的结构与功能、性心理发展特点与规律、性现象的社会存在特征、性教育的原则与方法、性教育课程设计的依据与过程、性法律与性道德规范等方面。性教育学科初步形成了一套理论体系，为性教育教师进行教育教学提供了基本的理论知识。很多教师缺乏讲授敏感或有争议话题的专业知识和经验，也没有机会接受有针对性的、专业的全面性教育培训。高质量的专业学习能帮助教师脱敏，并提升教授全面性教育各相关主题的能力，为教师准确且高质量地开展旨在提升健康与福祉的教育活动提供了可能，从而对健康行为产生积极的影响。教师应对社会性别、人权以及健康等议题有充足的知识，包括年轻人在不同年龄会发生的风险行为、什么样的环境以及认知因素会影响这些行为，以及如何通过针对参与式教学方法来最好地处理这些因素。教师应具备有关艾滋病、其他性传播疾病感

染、避孕、早孕以及非意愿怀孕的科学知识,以及基于证据的、科学准确且客观公正的信息。

尽管强有力的证据表明禁欲型性教育是无效的,但仍然有很多国家推行这样的性教育。禁欲型性教育在一些话题上更可能包含不完整或不准确的信息,比如有关性交、同性恋、自慰、人工流产、社会性别角色和社会性别期待、安全套以及艾滋病病毒的话题[①]。

(三)性教育教学方法选择的知识

性教育方法有知识讲授法、参与式教学法、个别指导法、咨询辅导法等,每种方法适用于不同的教育内容和不同的教育对象。就教育内容来说,知识讲授法主要针对有严谨科学性的教学内容;参与教学法主要针对学生中有争议的问题和观点;个别指导法主要针对个别学生不具普遍性的问题;咨询辅导法主要针对学生困惑,且具隐私性的问题。就教育对象来说,对中小学生主要采用讲授法、比喻、引导与延伸。另外,在选择和运用性教育教学方法时,应协调、有序地在性教育教学中综合运用多种方法,以形成教育合力,产生综合效果;应吸收和运用现代教育科学研究的成果,不断运用这些相关学科取得的最新成果,丰富和发展性教育的方法体系。

青少年对性教育的系统性参与有助于提升全面性教育的质量。学习者不应该是性教育的被动接受者,而应该在性教育的

---

① UNFPA. UNFPA Operational Guidance for Comprehensive Sexuality Education: A Focus on Human Rights and Gender [EB/OL].(2014-11-01)[2025-05-09]. https://www.unfpa.org/sites/default/files/pub-pdf/UNFPA_OperationalGuidance_WEB3_0.pdf.

组织、实验、实施以及改善过程中发挥主动作用。这样做能保证性教育以需求为导向，并紧紧围绕当代年轻人探索"性"的现实生活，而不是简单遵循由教育工作者自行制定的性教育方案[①]。年轻人的参与可以帮助不同类型的教育工作者（包括同伴教育者）决定如何运用全面性教育课程，以及如何根据不同的情境（包括在正规和非正规的场合）进行灵活调整。父母和社区负责人也扮演着重要的角色。在性教育中有父母的高度参与，并且社区成员也对此高度重视，如布置有关的家庭作业、开展课后亲子活动以及鼓励父母了解性教育项目等活动，对于促进孩子的性健康能够产生重要影响[②]。

（四）性教育教学情境构建的知识

考虑到性教育是一门可能会引起焦虑感、尴尬、脆弱等感受的学科[③]，确保儿童和年轻人能在符合保密原则、提供隐私保护的安全环境内分享问题、共同学习和参与是很重要的。这种安全感可以通过训练有素的教师来获得，通过小班授课或小组讨论来实现。有效的性教育必须在安全的环境中开展。在这样

---

① WHO Regional Office for Europe, BZgA. Standards for Sexuality Education in Europe: A Framework for Policy Makers, Educational and Health Authorities and Specialists [EB/OL].（2010-01-01）[2025-06-09]. https://www.icmec.org/wp-content/uploads/2016/06/WHOStandards-for-Sexuality-Ed-in-Europe.pdf.
② WIGHT D, FULLERTON D. A review of interventions with parents to promote the sexual health of their children [J]. Journal of Adolescent Health, 2013, 52(1): 23.
③ POUND P, LANGFORD R, CAMPBELL R. What do young people think about their school-based sex and relationship education? A qualitative synthesis of young people's views and experiences [J]. BMJ Open, 2016, 6(9): 4.

的环境中，学生可以安心参与而不会感到难堪，也不会受到骚扰，其隐私能得到尊重。学生可能具有不同的社会经济背景，他们的年龄、性倾向、社会性别认同、家庭和社区价值观、宗教信仰和其他特征也会有所区别，课程的开展需要照顾到学生的不同背景，同时课程还要促进学生对当下个人和社区价值观的理解和批判性思考，帮助学生了解家庭、社区和同龄人如何看待性与人际关系等问题。

与学校教育教学中的其他教育内容相比，有效性教育教学的进行更多地依赖师生双方的共同参与，参与式教学成为性教育教学中推崇备至的一种方法。该方法要求课程教学通过师生双方主动参与、互动生成，因此学生的主动参与是影响性教育教学效果的重要因素。运用参与式教学方法，让学生积极参与教学过程，帮助他们内化和整合信息。教育工作者可以运用各种互动式、参与式、以学生为中心的教学方式，让学习的几个关键维度（知识、态度、技能）在整个学习过程中得到全面提升。教师作为性教育教学过程的引领者，创建一个开放的活动开展环境成为推动性教育教学过程的重要保障。大量研究证据表明，优质性教育可助力儿童和青少年掌握准确、适龄且实用的知识、态度与技能，培养积极正确的价值观，以便对自己及他人的性与生殖健康和生活做出负责任的抉择，应对诸多威胁和挑战[1]。

---

① 联合国人口基金，联合国教科文组织. 全面性教育技术指南——国际标准在中国的潜在本土化应用（第一版）［EB/OL］.（2022-11-07）［2025-05-17］. https://china.unfpa.org/sites/default/files/pub-pdf/quan_mian_xing_jiao_yu_ji_zhu_zhi_nan_-zhong_wen_ban__0.pdf.

三、性教育能力

（一）解读性教育课程纲要的能力

2018年7月，联合国教科文组织颁布的《国际性教育技术指导纲要（修订中文版）》基于全面性教育的理念，按主题、阶段明确地划分了中小学性教育的教学目标，为我国教师开展中小学性教育提供了明确指引。2022年，联合国人口基金和联合国教科文组织发布了《全面性教育技术指南——国际标准在中国的潜在本土化应用（第一版）》，进一步为我国教师参考国际标准开展中小学性教育提供了针对性指导。近年来，我国频繁出台中小学性教育相关的政策文件，例如《中国青少年健康教育核心信息及释义》《生殖健康促进行动方案》《初中学生预防艾滋病核心信息》，对于指导我国教师开展中小学性教育提供了理念指引与实践指导。中小学性教育教师应及时关注并仔细研读这些政策文件的指导原则和主要内容，不断进行分析与总结，找准核心目标，并充分了解应该达到的标准。

（二）性教育课程资源的开发和利用能力

我国学校推行性教育仍处在探索阶段，目前仍未形成系统的课程标准和教材体系，教学内容的选择主要依赖性教育教师课程资源开发与利用的能力。教师可以通过开展社会调查，了解学生的日常活动，调查学生的兴趣和需要，确定学生的现有发展基础和差异，安排学生从事课外实践活动，制定参考性的技能清单，总结和反思教学活动等途径来确定性教育的知识与技能、过程与方法、情感态度与价值观[①]各层面的教学内容，借

---

① 吴刚平.课程资源的开发与利用[J].全球教育展望，2001（8）：26.

鉴生活经验与先进性教育来开发和利用课程资源。清晰明确的教育部门政策和学校课程可以给教师提供支持，制度化的职前和在职教师培训以及学校管理层的支持也非常重要。应该通过加强全面性教育在课程中的正规化，以及增强职业发展和支持的力度来鼓励教师发展自身的技能和增强信心。

教师应发挥积极的作用，支持全面性教育的开展。在全面性教育的设计、监测和评估过程中，学校应该鼓励学生会、其他学生团体提出自己的想法，收集同伴的需求信息来证明开展全面性教育的必要性和合理性，或主动与父母或社区内的其他成员讨论全面性教育在生活中的重要性。卫生保健人员也是开展性教育工作的重要支持资源。研究证明，将全面性教育和其他相关服务结合起来，是促进学生性与生殖健康的有效手段[1]。在性教育上，社区工作者可以发挥作用，促进社区对全面性教育的接纳和支持，消除社区成员对全面性教育持有的错误信息、错误观念和误解。社区也可以为全面性教育内容的本土化、情境化提供支持。

（三）组织性教育教学内容的能力

在我国现阶段，性教育内容包括性生理发育、性心理发展及调适、性道德和性法律等多方面的内容。《国际性教育技术指导纲要（修订版）》（以下简称《纲要》）鼓励在开展全面性教育时使用以学习者为中心的教学方式，以学习者为中心的教学策略能够使学生积极参与到学习过程中。学习者也被鼓励

---

[1] NESCO. Emerging Evidence, Lessons and Practice in Comprehensive Sexuality Education: A Global Review [EB/OL]. (2015-01-01) [2025-05-09]. https://unesdoc.unesco.org/ark:/48223/pf0000243106.

进行更多的反思，批判性地思考自身的生活①。中小学教师在组织教学内容时应充分考虑到性教育的综合性，全面把握教育的内容。既要为学生提供科学的性知识和实用的技能，也要进行性道德和性法律等规范教育；灵活使用按知识体系组织教学内容和按问题解决组织教学内容两种方法。全面性教育是一个动态且快速变化的领域，使用《纲要》可以提供一个评估和提高课程标准、加强教学实践和相关证据的机会。尽管这些内容可能分散在不同学科中，使用《纲要》也可以确保学校能完全覆盖全面性教育中的不同主题和学习目标。此外，有效的全面性教育包括大量关于态度和生活技能的学习内容，这些可能并没有包含在其他学科中。

确定采用独立课程或融入式课程的形式，需要提前决定以什么样的方式开展性教育，是作为单独的一门课程，还是融合进现有的主流课程（比如健康课或生物课），或者两种形式兼具，或者包含在生活技能课程项目里②。做这样的决定需要考虑到整体教育政策、资源的可利用状况、学校课程的优先级、学生的需求、社区对于全面性教育的支持和时间规划问题。尽管将性教育当作一门单独的课或将全面性教育内容融入已有的课程（比如生活技能课程）是最理想的做法，但从实际层面出

---

① 联合国教科文组织. 国际性教育技术指导纲要（修订版）[EB/OL].（2018-07-17）[2025-05-09]. https://unesdoc.unesco.org/ark:/48223/pf0000260770_chi?posInSet=1&queryId=01c60311-1dfb-4d59-a36a-7cfbe30e505f.
② UNESCO. Emerging Evidence, Lessons and Practice in Comprehensive Sexuality Education: A Global Review [EB/OL].（2015-01-01）[2025-05-09]. https://unesdoc.unesco.org/ark:/48223/pf0000243106.

发,或许更可行的做法是在已有的教学内容基础上提升,将全面性教育课程内容纳入现有的课程中,比如社会科学、生物学或学校心理咨询与辅导。在这样的情况下,要谨防遗漏和删减性教育课程内容,并提高对教师的培训和教学指导。此外,教学材料也需要结合载体课程进行相应调整。

能支持年轻人安全地使用网络和社交媒体,帮助他们辨认正确的、基于事实的信息。网络和社交媒体可以成为年轻人获取有关性的信息和与性有关的问题答案的绝佳手段。年轻人常常因为他们无法从其他渠道快速方便地获取信息而使用线上媒体(包括社交媒体)。然而,线上媒体往往不能提供适龄的、基于实证的信息,甚至可能提供一些带有偏见的、歪曲事实的信息。对于年轻人来说,区分正确和错误的信息非常困难。尽管线上媒体可以提供大量的信息,但并没有为年轻人提供空间来就一些话题进行讨论、反思或辩论,或发展相关的技能。全面性教育则为年轻人提供了一个平台,使得年轻人可以对其在社交媒体或色情产品中接触到的性图片、性实践、性规范和性脚本进行讨论和交流。全面性教育同时提供机会,让年轻人了解色情信息中所缺乏的关于性的多个方面的知识,包括情感上的亲密、协商许可和对现代避孕措施的讨论。

应聚焦于树立积极态度和培养技能,促进安全、健康积极的人际关系,尊重人权以及社会性别平等和多元化。此外,课程还应重点关注对不同年龄、性别和特征(比如受到艾滋病病毒感染、基于社会性别的暴力和非意愿怀孕影响)的年轻人造成影响的关键问题。课程活动需要把重点放在扭转社会性别不平等和刻板印象上,且绝不宣扬有害的社会性别刻板印象。性教育的积极效果主要源自教师讲授的积极性、态度、技巧以及运用参与式教学方法的能力。教学方法应与特定的学习目标相匹配，比如角色扮演、在作业中运用通信技术、匿名问题箱、信息分享课、小组讨论等①。

（四）语言表达能力

性教育教学内容需要科学讲解各种性器官名称并探讨相关敏感话题。因此，教师能自然地运用科学术语传递性教育内容的语言表达能力是实施中小学性教育的必备能力。在我国，受传统观念中"谈性色变"文化禁忌的制约，"性"通常被认为是隐晦的、难以言传的，直接导致教学中不能自然地、流畅地讲解性器官名称和分析敏感话题。教师错误的性教育教学会潜移默化地带给学生错误的性观念，造成"教师挑着讲、家长羞于说、学生偷着看"的尴尬境地，甚至无法正常完成性教育教学工作。教师经受专业培训能在一定的程度上进行脱敏，但分析、讲解、总结等语言表达能力只有通过在实践中不断地积累与反思才能练就。

在一些社会和文化环境中，人们对于性和社会性别有一些负面的、有争议的理解，在这样的环境中教授和谈论与性有关的话题会比较困难。大部分教师都可以与学生建立良好的关系，通过这种关系，教师可以主动倾听和辨别学生的需求和担忧，并提供相应信息。教师可以通过参与式培训学习如何开展

---

① 联合国教科文组织. 国际性教育技术指导纲要（修订版）[EB/OL]. （2018-07-17）[2025-05-09]. https://unesdoc.unesco.org/ark:/48223/pf0000260770_chi?posInSet=1&queryId=01c60311-1dfb-4d59-a36a-7cfbe30e505f.

全面性教育，而并不需要成为性学专家。这样的培训可以成为教师培训机构的教师培养课程（职前教师培训）或在职教师培训课程的一部分。

四、性法律意识

（一）性教育教师要有基本的性法律意识

中小学教师所具有的性法律意识能够保证在性教育教学过程中避免对学生造成侵权行为；能够在中小学性教育教学中对学生进行有效的性规范和性法制教育，有效抵制和避免学生的性违法行为和性犯罪行为，最大限度地降低学生性犯罪行为的发生比例。其性法律修养主要有：懂得性违法与性犯罪的基本知识，禁止用不规范的语言与学生进行有关个人私生活的单独交谈[①]，避免对学生进行言语及行为上的性侮辱与性侵害，清楚淫秽色情与健康科学性知识的区别等。懂得性违法活动主要包括卖淫嫖娼、性侮辱、性骚扰、制作贩卖传播淫秽色情影像制品和书籍画册等。知道性犯罪主要有强奸妇女、猥亵侮辱妇女等。

（二）教师是开展全面性教育的核心

担任性教育教学的中小学教师需要有足够的自信心、责任感和资源，才能游刃有余地针对性以及性与生殖健康等复杂问题进行教学。受到良好训练和支持并对性教育有很高积极性的教师，在提供高质量的全面性教育中扮演着重要角色。要有效地开展全面性教育课程，教师需要感受到来自法律、学校管理

---

① 方德静. 对性教育教师应具备法律意识的思考［J］. 中国性科学，2009（7）：48.

层和当地政府的支持，也需要接受培训，获得相关资源。全面性教育不仅仅依靠某一个特定教师的努力或责任，而应该依靠所有教育工作者的共同努力，互相支持并彼此分享开展全面性教育的经验。负责开展全面性教育的教师也需要接受特定的技能培训，从而学会准确、清晰地处理与性有关的问题，并且能积极地运用参与式教学方法开展教学。

中小学性教育课堂教学方法策略

一、经验借鉴：西方性教育方法概览

自20世纪60年代以来，西方各国已发展了形式多样、针对性强、科学实用的性教育方法。比如瑞典在对青少年进行性教育的过程中采取启发式、参与式和游戏式等生动活泼的教学方法；美国在性教育方法上更集中于使用"问题情境法"，以引导学生掌握正确的性知识和性道德；加拿大中学则采用"让你三思的小宝宝"来劝止青少年妊娠，预防单身母亲[①]。

提高性教育的质量和效益，不仅需要有优化的性教育内容，而且需要有与性教育目标、内容相统一的性教育方法。总体而言，教师在开展性教育的过程中应该采用多种方法。

具体而言，为了达成丰富学生性科学知识的教学目标，可以采用的教学方法包括开展性知识讲座、为学生提供书面或口述的性信息、进行性知识小测验等；为了改变学生对待性的态度，可以采用的教学方法包括让学生参与角色扮演、模仿、小组讨论等；而为了提高学生做出与性有关的正确决策的技

---

① 刘明矾.青春期性教育：全球青少年发展的重要课题［J］.江西师范大学学报，2002（2）：62.

能,可以采用的教学方法包括参与角色扮演、体验互动游戏活动等。

二、现实困境:我国性教育现状

然而现实情况却是,目前我国在中小学校对学生进行性教育,主要采取以讲授为主的教育方法,很少顾及学生能进行的自我教育;而在讲授过程中,由于受到传统观念的影响,相当一部分教师对比较敏感或会引起争议的性知识避而不谈,更不会鼓励学生提出心中存在的问题。在性教育过程中忽视了学生的自主参与,忽视了学生对性教育的自我认识、自我体验、自我反思及自我调控。在这样单一的性教育氛围里,学生会觉得枯燥无味,无法激起学习的热情。研究表明,在讲授式教学的过程中,教师很难使学生的注意力在整个教学过程中保持相当高的水平。教师在讲课的时候,学生有40%的时间没有认真听课。在讲课的前10分钟,学生可记住70%的信息;在最后的10分钟,学生只记住20%的信息。随着课程的进行,学生的学习兴趣逐渐丧失,注意力逐渐下降[①]。在典型的授课式教学中,学生并没有得到较多真正的性教育知识。

三、突破困境:运用参与式教学方法,让中小学生积极参与教学过程

(一)为何在性教育教学中要采用参与式教学方法

瑞典的性教育强调以受教育者为主体,要让每一个中学生,无论他/她是异性恋、同性恋者,有无性经验,来自什么

---

① 刘建华. 中学生青春期性教育实施方案探寻 [D]. 长沙:湖南师范大学,2004.

样的家庭或文化背景，都觉得自己被纳入其中。另外，教育者一定要贴近中学生的实际生活经验，让每一个人觉得性教育与他/她相关，才有办法对话。因为"性"固然有造成意外怀孕或感染性传播疾病的可能，但如果教育者一味强调这些负面的结果，将"性"问题化，则根本无法反映性的全貌，因为对于青少年或任何人来说，性也是寻找自我认同、探索身体以及建立亲密关系的重要渠道。刻意排除这些可能性，不仅偏离事实，也只会让中学生产生抗拒，无从学习。同时，为了让学生有更多的途径可以获得相关知识和帮助，瑞典提倡全方位、多渠道开展性教育。课堂教学是瑞典开展性教育的主要途径。教师在性教育的教学方法上，采取了启发式、参与式和游戏式这些非常人性化的方法，通过讲解、组织学生自学、小组讨论、活动式对话等让学生感觉自己被纳入性教育的课程中[①]。

走进性教育课堂的多数学生并不是一张白纸。在"性"的方面，他们是有认识、有体验、有判断、有价值观的，他们走进教室，就是等待印证已知，期待解惑，索要操作方法的。不能满足学生合理实践性需求的性教育，肯定不是成功的性教育。教师提倡的主流文化、教师倡导的价值理念能否被学生认可和接受，关键在于学生能否形成"内化"的过程，命令是无效的。"内化"是教师的"文化传递"和学生自己的生活经验相结合，经过学生自己比较、选择、批判、整合，才能形成自己的"价值核心"，再"外化"为自律行动[②]。

[①] 冷剑丽. 瑞典中学性教育的实践及启示 [D]. 重庆：西南大学，2006.
[②] 闵乐夫，王大凯. 国际青春期性教育现状、发展趋势及其对我国的启示 [J]. 教育科学研究，2001（11）：59.

同"教什么"一样重要的是"怎么教"。中小学校要彻底改变"教师讲,学生听"的模式,积极研究和探索新型的为学生所喜闻乐见的方式进行性教育。例如推广参与式,支持质疑,多碰撞独特见解;坚持实践式,面向社会,理论联系实际,分析案例,学习正确的家庭性别角色;提倡互动式,人机、同伴、师生、专家都可实现积极的互动等;还要鼓励探索式,通过测试、角色扮演、咨询、中介等方式进行性教育[①]。

(二)教师如何运用参与式教学方法

在基于生活技能的全面性教育中,最有效的方式是互动式的、以学生为中心的参与式教学方法。事实上,参与式教学方法可以帮助学生为未来更健康、幸福地生活在这个错综复杂、千变万化的世界做好准备。为了能够更有技巧和更便捷地运用参与式教学方法,教师需要充分准备并得到相应的支持。

教师应该牢牢把握性教育的基本方式是参与式,基本方法是案例讨论法、价值澄清法、头脑风暴法、角色扮演法、互动游戏法等。教育者可以运用各种互动式、参与式、以学生为中心的教学方法,让学习的几个关键维度(知识、态度、技能)在整个学习过程中得到全面提升。高质量的试点实验结果表明,最有效的学校性教育项目除了教授知识和技能,还包含丰富的互动过程和多样的活动,让学生有机会反思自己的价值观和态度。与此同时,教育工作者应该能够澄清个人对待性的价值观和态度,并将个人价值观和态度与职业角色和责任进行明确区分,充分考虑学生的想法,这对于确保全面性教育项目的

---

① 吴薇.中美两国青少年性教育比较研究[D].长春:东北师范大学,2006.

有效性至关重要。

作为性教育的任课教师，使用本套基于生活技能的全面性教育教师用书时应该注意[①]：

1. 让自己具备性教育授课教师应有的特质

（1）具备有关性、健康和生涯规划方面的知识。

（2）具有良好的交流、沟通技能。

（3）尊重不同意见，善于倾听，不加评判。

（4）能够坦然地、自然地谈论性。

（5）善于运用多种多样的参与式教学手段。

（6）能够根据当地的实际情况以及不同儿童和青少年的需求，灵活地对书中的内容、活动进行必要的增减和修改，以帮助儿童和青少年积极思考、理解、掌握有关知识和技能。

（7）有幽默感和亲和力。

2. 遵守性教育课堂特有的原则

本教师用书活动常常涉及儿童和青少年的敏感和私密话题，为此，在活动之前要确定大家都认可和遵循的一些原则，以使互动活动顺畅、有序、有实效。这些原则包括：

（1）保密：在小组讨论的私人或个人问题，只保留在本小组之内。

（2）尊重：尊重每个人的观点和经验，虽然尊重并不等于同意。

（3）开放：每个人都敞开胸襟虚心倾听多方观点，但不探究他人隐私。

---

① 杨玉学.成长之道［M］.北京：中国人口出版社，2012：2-4.

（4）平等参与：每个人都应最大限度地参与每项活动。

（5）团结合作：参与者与组织者平等地营造一个舒适和自由发表意见的环境。

（6）陈述自己观点：鼓励用自己的观点来阐述自己的价值观和喜好。

（7）分享：在活动结束后，向其他同龄人传递所学到的信息。

（8）放弃的权利：尽管我们鼓励每个人参与各项活动，但也允许有人说"我不想参加这个活动"或"我不想回答这个问题"。

（9）匿名：必要时可以匿名提问，并保证所有问题均有答复。

（10）接纳：感到不自在是可以接受的。即使成年人在讨论类似"性"这样的敏感话题时也会感到不自在。

3. 做好授课的准备工作

本教师用书的参与式活动对教师的要求很高，所以做好必要的准备工作非常重要，具体包括以下几个方面：

（1）预习要开展的单元和活动内容，直至完全熟悉和感到能够运用自如。

（2）确定时间安排，包括每个单元、每个活动的时间长度。

（3）根据每项活动的学习内容，事先准备好引导讨论的问题。教案中的每项活动都列出了讨论要点，但可能还需要加上教师准备的内容。

（4）事先做好活动准备，如游戏卡片、书写用的大白纸、角色扮演用的道具等。

（5）根据参加人数事先布置好场地，桌椅摆布应面对黑板或挂图等围成圆圈或半圆形。如果条件允许，应给学生留出做笔记、完成练习的场地。

（6）注意能看到钟表，以便掌握讨论与练习的时间。

（7）开展参与式活动总是充满乐趣，但要牢记练习的目的是让学员分享知识和经验，使他们有所收获。因此，每个活动后的教师小结很重要。

（8）尽管本教师用书提供了比较好的教案，但是教师仍要根据当地社会文化、学生认知水平以及授课条件，制定一个更符合实际的活动方案。

（9）在授课正式开始之前进行一次试讲。

（10）每完成一个授课活动，教师要及时总结反思自己的教学方式方法，这对提高性教育课堂教学能力非常重要。

小学性教育教师用书教案设计覆盖主题一览表

年级	学期	课序	课程设计题目	指南主题	相关主题	总课序
一	上	1	认识我自己	1.1	1.3	1
		2	我的朋友	3.6	2.5	2
		3	了解我们的身体	1.1	2.3	3
		4	我从哪里来	1.3	3.4	4
		5	胎儿的宫殿	1.1		5
	下	6	我很特别 你也很特别	2.2	2.4	6
		7	我有一个家	3.4	3.5	7
		8	男孩女孩不一样	1.1	2.3	8
		9	身体的隐私部位	4.1	3.1	9
		10	身体隐私的保护与尊重	4.1	3.1	10
二	上	1	朋友的影响	3.6	3.7	11
		2	形式多样的沟通	3.2		12
		3	学会倾听	3.7		13
		4	学习做决定	3.7	4.3	14
		5	我的身体感觉	3.1		15
	下	6	男孩的身体	1.1	2.3	16
		7	女孩的身体	1.1	2.3	17
		8	我们一样棒	3.9	2.3	18
		9	传媒与我	4.5	3.8	19
		10	健康小卫士	4.3	3.1	20
三	上	1	我是家庭的一员	3.4	3.5	21
		2	怎样做朋友	2.5	3.6	22
		3	敢于拒绝	4.2	3.2	23
		4	身体红绿灯	4.1	3.1	24
		5	性话题，这样谈	3.2	4.3	25
	下	6	不一样的价值观	3.8		26
		7	处理愤怒的方法	2.2		27
		8	成长中的变化	2.3	1.1	28
		9	有的疾病会传染	1.5		29
		10	认识艾滋病	1.5		30

续表

年级	学期	课序	课程设计题目	指南主题	相关主题	总课序
四	上	1	风雨同舟我的家	3.5	3.4	31
		2	关系知多少	2.6	2.5	32
		3	飘扬的红丝带——了解艾滋病	1.5		33
		4	尊重不一样的他/她	3.9	2.2	34
	下	5	做独特的自己	2.2	3.9	35
		6	我的身体我做主（一）	3.1	4.2	36
		7	我的身体我做主（二）	4.2	3.1	37
		8	人人享有权利	4.2	3.9	38
		9	如果我来做爸妈	3.5	2.1	39
		10	远离毒品　健康成长	1.6		40
五	上	1	青春期那些事之身体发育	1.2		41
		2	青春期那些事之生命密码	1.4		42
		3	青春期那些事之卫生保健	1.1		43
		4	寻找别样的美	2.2	3.9	44
		5	五彩缤纷的世界	3.9	2.2	45
	下	6	有爱也会爱	2.6		46
		7	有效交流	3.5	3.6	47
		8	怎么做决策	3.7	2.1	48
		9	有所为有所不为	3.1	3.2	49
		10	安全距离　预防骚扰	4.3	3.1	50
六	上	1	我还不想当爸妈	3.2	2.1	51
		2	让艾有爱	1.5		52
		3	保护自己免受侵害	4.3	3.1	53
		4	反对欺凌，友好相处	4.2	3.2	54
		5	支持，我会找	4.3		55
	下	6	媒体中的性信息	4.5	3.8	56
		7	媒体男女	3.8		57
		8	突破性别印象　大胆畅想职业	3.8	2.2	58
		9	迈向青春　走向成熟	1.2	3.2	59
		10	青春的悸动	2.1		60

注：表中所标注的主题是指《成都市中小学（幼儿园）性健康教育实施指南（试行）》中的主题。

一年级
（上学期）

第一课 认识我自己

一、活动目标

1. 了解自己,认识"我"是一个独立的个体,知道人的发展要经历五个时期,为自己做一份简单的说明书;通过一系列活动帮助学生初步接纳自我,自尊自信。

2. 认识身边的其他人,知道每个人都是独一无二和有价值的,不取笑他人;通过活动帮助学生懂得尊重他人,尊重个体差异。

3. 介绍自己,和更多的人交朋友,培养学生的交往技能。

二、活动准备

教师准备:图片(结合课程内容准备,做在PPT上)。

学生准备:自己的自画像,了解自己的与众不同之处。

三、活动过程

(一)引入:从"人"字说起

板书"人":让学生说一说自己对人的认识。

(二)看图识人

1. 教师依次呈现人在婴儿期、童年期、青年期、中年期、老年期的图片,带着学生认一认,知道人会随着时间发生变化。

2. 提问：我们知道人都会随着时间而慢慢变老，那人和人有没有不同的地方？（引导学生发散思维，说得越多越好，教师可以用简单的符号记录在黑板上）

3. 教师总结：原来人和人有那么多不同之处，所以世界上没有长相、性格完全一样的人，每个人都是独一无二的，每个人产生的想法和做的事情也不会是完全相同的，但都是有价值的。

（三）画画我自己

1. 让学生画一画独一无二的自己（也可以在课前让学生先画好）。

2. 教师请一个学生来介绍自己，再问一问：你有没有特别与众不同的地方？

3. 鼓励学生向别人介绍自己，教师巡视参与倾听介绍。

4. 采访学生：刚才谁向你介绍了自己，他的与众不同之处在哪里？

5. 教师总结（有条件可以让学生把自画像贴在教室的墙上）：这就是我们自己，可爱而健康。

（四）帮忙来介绍

1. 创设情境，引出身体有缺陷的一个小朋友（图片出示）。

教师说明他很想和大家交朋友，请小朋友帮他做一个自我介绍。

2. 请学生帮这位身体有缺陷的小朋友出主意，代替他做一个自我介绍。

3. 介绍后，追问：你愿意与他交朋友吗？你想对他说些什么呢？（引导学生认识到他就是我们中的一员，和我们是一样的）

第二课 我的朋友

一、活动目标

1. 知道人与人之间的关系中包含着多种不同类型的爱，朋友之间的感情称为友谊。

2. 知道朋友有很多特点，如不同性别、年龄、爱好、国籍、民族、身体状况等。

3. 画出自己和朋友之间的故事，向他人介绍自己的朋友；在活动中提高交往技能。

二、活动准备

教师准备：图片（结合目标2准备相应的图片，做在PPT上），下载歌曲《找朋友》。

学生准备：彩色笔、绘画纸（也可教师准备）。

三、活动过程

（一）引入：播放歌曲《找朋友》

1. 学生听歌曲，一边跟着音乐跳，一边找朋友。

2. 学生找到朋友后，做一个简单的自我介绍（姓名、年龄、喜欢什么，表示想和对方做朋友，并征求对方的同意）。

（二）请学生介绍自己的好朋友

1. 先介绍在听歌曲找朋友的游戏中结识的新朋友，再介绍自己的好朋友。

2. 结合大家介绍的朋友，教师总结：通常情况下，我们第一次介绍的朋友大多是年龄差不多的人。

3. 提出疑问：生活中，除了和我们一样大的朋友之外，你还有其他朋友吗？

（三）拓展对朋友的认识

1. 教师展示一些图片，以自己为范例介绍朋友（含不同年龄、性别、地区、民族、爱好、国籍、身体状况等），启发学生回忆思考。

2. 学生再次介绍一位不同的朋友。

教学提示：此环节可以让学生认识到朋友并不仅仅是平常玩得好的同学或是某个年龄相当的人，朋友可以有很多种，告诉学生身体功能有缺陷、内向不爱说话的人也一样可以成为我们的朋友。

（四）画一画自己的朋友

1. 画画的内容：可以是自己和朋友的样子，也可以是朋友之间发生的事情。

2. 画完后，2~3人组成一组，相互介绍自己的朋友。

（五）教师总结，说说你的收获

交流：和朋友在一起是什么感觉？总结：我们和朋友之间的感情叫作友谊，朋友间的友谊能让我们更快乐，我们要互相支持与帮助。

第三课 了解我们的身体

一、活动目标

1. 利用图片认识人类的身体，能识别和称呼主要的器官。

2. 知道男孩和女孩的身体是不一样的，初步认识外生殖器官，并能用科学名称称呼各个部分，能对生理性别进行识别和判断。

二、活动准备

教师准备：婴儿图片、男孩和女孩的身体图片、身体主要器官图片、外生殖器官图片（做在PPT上）。

学生准备：画笔、白纸（可由教师按学生人数准备）。

三、活动过程

（一）引入游戏——"我来指，你来说"

1. 游戏规则：教师指身体部位，学生说出名称。

教学提示：眼睛、鼻子、嘴巴、耳朵、脖子、肩膀、胳膊、手、肚子、背……

2. 在游戏中了解自己的身体。

（二）认识身体的主要器官及作用

出示主要器官图——心、肝、脾、肺、肾、胃、胆、大肠、小肠、膀胱等，说一说它们的作用。

（三）认识男孩和女孩的生殖器官

1. 出示两个婴儿的图片，讲述：瞧，两个新生命来到了美丽的世界，他们和我们一样有着健全的身体和健康的器官，而且一个是男孩，一个是女孩，你们能看出来吗？

2. 学生根据自己的判断依据说出自己的想法，最后聚焦到通过外生殖器官的样子来判断性别（交流过程中尽可能引导学生说出日常对外生殖器官的称呼，再介绍科学名称）。

3. 教师介绍：刚才我们用来判断性别的器官，有一个科学的名称，称为外生殖器官。"生"就是生命，"殖"是繁殖，生殖器官就是人类繁殖生命的器官。我们要保护好它，保证它不受伤害，是健康的，才能让人类的生命延续下去。正如，爷爷奶奶生了爸爸，外公外婆有了妈妈，爸爸妈妈在一起又生了我们，我们长大后也会有自己的孩子，人类就一代代延续下去了。

4. 我们现在来仔细了解一下，男孩和女孩的外生殖器官有什么不同呢？（鼓励学生看图及结合生活经验来表达，教师不做评判）

5. 学生自由交流后，教师出示男孩和女孩的外生殖器官图片，介绍各部分器官名称，带着学生认一认，指一指。

男孩外生殖器官——阴茎、阴囊。

女孩外生殖器官——外阴（含阴阜、阴蒂、大阴唇、小阴唇、阴道口等结构）。

教学提示：学生年龄较小，只需了解主要器官名称即可。同时一并认识尿道口、肛门，并知道解大便后擦拭要从前往后擦，清洗外阴时要从前往后洗，避免将肛门附近的细菌带到阴

道口。

（四）连一连

1. 教师讲述：生殖器官就是人类繁殖生命的器官，我们要保护好生殖器官，才能让人类的生命延续下去。

2. 连线：能将男女外生殖器官的部位与对应名称正确连线，并能口头介绍两性生殖器官的不同。

第四课 我从哪里来

一、活动目标

1. 知道人类的生命是由一个卵子细胞和一个精子细胞成功结合而来的，初步了解精子与卵子是如何结合的，能用自己的话正确描述。

2. 能够用自己的话正确描述"我从哪里来"，什么叫"生命通道"。

3. 通过精子和卵子的结合，懂得每个生命的珍贵，要互相尊重。

二、活动准备

教师准备：图片（结合教学内容准备）、一个小房子、一个鸡蛋、绘本《我从哪里来》。

学生准备：彩笔、白纸。

三、活动过程

（一）引入：活动——把鸡蛋送回家

1. 活动准备：组织全班学生围成一圈。在圈外某一处摆放好小房子，设定为小鸡的家。

2. 活动要求：教师创设情境，让学生依次用双手将鸡蛋传递一圈送回家，每个学生都要传到。

3. 活动过程中观察学生的表现，活动后询问学生的感受。

教师总结：一个鸡蛋便是一个小生命，小朋友就像鸡妈妈一样用心呵护着它，是你们的小心翼翼、你们的爱让它平安到家（出示鸡妈妈孵蛋的图片）。

（二）听故事，认识我从哪里出来

1. 教师讲述：经过鸡妈妈的精心孵化，一只可爱的小鸡就会来到这个美丽的世界。那我们的生命是从哪里来的呢？

2. 学生结合自己的已知知识进行交流；教师追问了解学生获取信息的渠道，教师不做评判。

3. 引出故事《我从哪里来》中小灰菜说的话："我是像种子一样种出来的。"询问学生的想法后，进入故事，讲述贝贝的疑惑。

4. 结合故事内容，教师提出讨论问题：

（1）小灰菜是怎么进入妈妈肚子里的？又是怎么出来的？

（2）讲述妈妈的话第一部分，解决第一个疑惑：从哪里出来？强化认识，板书：生命的通道——阴道。如果有学生提到剖宫产，教师应简单介绍。

（三）听故事，知道精卵结合的过程

1. 讲述绘本中妈妈的话，了解精卵结合的过程。

教师配以图片口述：爸爸的身体里有很多像小蝌蚪一样的精子，是爸爸传播生命的种子；妈妈的身体里有很多像小泡泡一样的卵子，是妈妈传播生命的种子。有一天爸爸和妈妈相爱了，爸爸用阴茎把长得像小蝌蚪的精子送进了妈妈的阴道里，精子通过阴道游进妈妈的身体里，跑得最快最强壮的那个精子就和妈妈身体里的卵子成功结合了，于是一个新的生命就在妈妈身体里诞生了，这就是受精卵，是我们每一个人最初的模样。

2. 请学生复述精卵结合的过程，教师根据学生讲述摆放卵子、精子、受精卵的图片。

教师总结：原来是爸爸的精子和妈妈的卵子成功结合，形成了受精卵，就发育成了我。

（四）画一画那个最快的我

1. 提出绘画内容：在很多颗精子中，有一颗最强壮、跑得最快的就是你们，画一幅精子赛跑图吧！看看谁能把自己画得与众不同。

2. 学生画一画，讲一讲。

（五）结课

教师：爸爸妈妈爱我们，我们才有机会成为家中的一员。我们每个人都很独特，也都很可爱。

附录

1. 绘本《我从哪里来》（教师可运用类似绘本开展此课程），王早早著，爱米、肖猷洪画，江西高校出版社2008年版。

2. 视频《我从哪里来》。

第五课　胎儿的宫殿

一、活动目标

1. 复习精卵结合的过程，回忆生命的诞生过程。

2. 初步了解孕育的过程，知道胎儿在子宫里的变化，引导学生使用正确的称呼（子宫）。

3. 从母亲孕育的身体变化中初步感知母亲孕育的辛苦和家人的付出，体会其中包含的爱，并懂得感恩。

二、活动准备

教师准备：图片（孕育周期的胎儿变化）、本班部分学生家长怀孕期反应的视频（怀孕时有不同的妊娠反应）、孕妈妈照片（网络搜索下载）。

学生准备：彩笔、白纸。

三、活动过程

（一）引入：回忆已有知识

1. 回顾生命是如何诞生的。

2. 巩固"精子如何进入妈妈的身体""胎儿从哪里出来"两个主要问题。

（二）了解哺乳动物的孕育

1. 回顾鸡妈妈孵小鸡的知识，知道小鸡最初是鸡蛋，再由鸡妈妈孵化出来。

2. 思考：小狗小猫出生时是怎么样的？引出哺乳动物的概念和知识，所有的哺乳动物都孕育在妈妈的身体里面。

3. 展示哺乳动物及小动物的图片，比较其他动物（比如鸟类、蜥蜴类动物以及鱼类是通过产卵或产蛋在妈妈身体外面孕育小宝贝的），教师还可进一步讲讲哺乳动物的特征（体表有毛，恒温，胎生，肺呼吸，一般有头、躯干、四肢等）。

4. 讨论话题引入主体：所有母性哺乳动物包括女人都有个特殊的地方用来孕育小宝贝，这个特殊的地方叫作子宫（这个年龄的许多孩子误以为胎儿长在妈妈的胃、肚子里面，不能说出准确的名称），为纠正他们的错误印象，教师可以在黑板上简单画一下身体的轮廓，标出子宫的大概位置。

（三）了解子宫生活

1. 用图片展示孩子在子宫内成长的几个阶段，了解自己成长的过程（重点讲解脐带的作用，以及3个月、6个月、9个月的生长变化，也可以按周计算）。

2. 播放家长录制视频：了解我们在子宫里时妈妈的身体会有哪些变化，心里想些什么，家人会怎么做。

3. 说一说自己想对父母说的话。

（四）想象自己的子宫生活，并画一画

结合妈妈的孕妇照，启发学生想象自己在出生前是怎么在子宫里生活的，并用彩笔画下来（图片可参考附录）。

画好之后，互相交流展示自己的画。

附录
1. 子宫的位置（用于教师板书）。

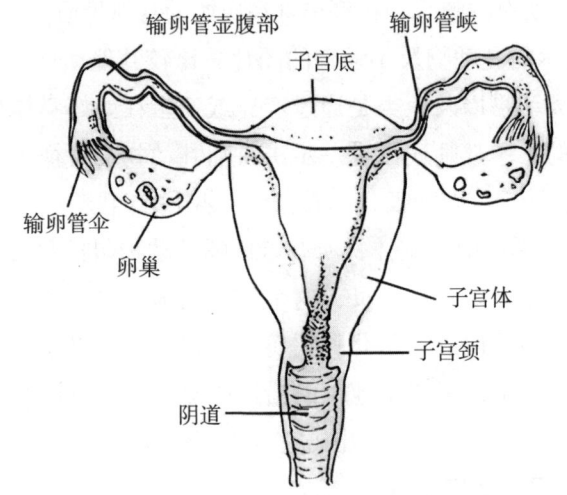

2. 怀孕的妈妈（下图可供学生画画时使用，也可以让学生在白纸上直接用圆或椭圆表示子宫）。

一年级
（下学期）

第六课 我很特别 你也很特别

一、活动目标

1. 知道人和人之间会有很多的不同之处，每个人都是独一无二的。巩固对个体差异的尊重意识，避免因差异的价值评判带来优越感或自卑感，以及取笑、歧视等欺凌行为。

2. 通过观察身边的人，感性地理解差异的存在，明白取笑别人是不对的。

3. 学习用正确的语言和行为来表示对他人的喜爱和尊重。

二、活动准备

教师准备：绘本《两个好朋友》（见附录）、图片（根据活动里面第4个环节的内容准备相应人物图片），按学生人数平均每人1~3枚贴纸（班额大就每人1~2枚，班额小就每人2~3枚）。

三、活动过程

（一）引入：介绍绘本中的两个人物，激发兴趣

1. 教师分别出示两个故事人物（PPT展示图片或是用玩偶代替），讲述他们是今天来到这里的两位小客人——一只狗亚历克斯和一只猫露露。

2. 请出一位客人后，便请学生观察，说说他有什么特别之

处，猜猜他喜欢什么，不喜欢什么，有什么本领。

3. 学生展开想象描述后，引出交流主题："为什么小狗亚历克斯说'我很特别'？"

（二）讲绘本

教师讲述绘本故事（节选），设计主要问题帮助学生思考：

1. 他俩都很特别，大家总说他俩有很多不一样，亚历克斯也发现了，是什么呢？去故事里找找（出示第一页图片）。

2. 先总结两者有哪些地方不一样，再思考他们会成为朋友吗，为什么？

（三）找不同

1. 让学生在班里寻找和自己不一样的人，贴上星形贴纸（有多少份贴纸就找多少个人）。

2. 教师采访个别学生，说一说贴了谁，原因是什么。

3. 总结：我们每个人都有不同之处，没有哪两个人是完全一样的（点出"你也很特别"）。

（四）谈相处

1. 每个人都与众不同，那怎么才能很好地相处呢？学生先说，再引出绘本。

2. 教师继续讲绘本第二部分"露露说——想想所有我们一起喜欢做的事情"。

3. 思考：你能和你刚才贴星星的这些同学一起做什么喜欢的事？

4. 教师介绍几位与我们有着明显不同的人：先天或后天造成生理缺陷、优势或特点的人（先天性视听障碍、口吃、胎记、个子特别大或特别小、跑得特别快、力量很大），并对他们的优势和局限进行简要的描述。讨论：

（1）这些人看起来和我们有很大不同，我们应该怎么和他相处呢？（着重讨论在会造成优势或劣势比较的差异面前，应当如何相处：面对别人比自己强的方面，如何对人对己？面对别人比自己弱的方面，如何对人对己？）

（2）我们能和他们做哪些喜欢的事情呢？练习如何去邀请其中一位。

教学提示：教师要根据学生的反馈，肯定学生正确的表达方式和行为，例如有礼貌、征求意见、商量、尊重别人的想法、帮助别人和接受别人的帮助等。

（五）结课

总结：我很特别，你也很特别，一起去做喜欢的事，我们就会很开心。

附录

1. 绘本《两个好朋友》讲述了关于生命、友谊、接纳的故事，通过两个好朋友的故事，让孩子了解生命的真谛是学会接纳，从而培养孩子团结友爱、互相帮助的好品质。

绘本《两个好朋友》，〔阿根廷〕罗琳娜·斯密诺维奇著，林昕译，湖北美术出版社2009年版。

2. 绘本《别取笑我的朋友》（可用于课后扩展）的主旨：结交新朋友，不怠慢老朋友，手牵手，大家永远是朋友！

绘本《别取笑我的朋友》，〔德国〕约特克著，曾齐译，贵州人民出版社2008年版。

第七课　我有一个家

一、活动目标

1. 了解各类不同的家庭，知道家庭是会变化的，情感是维系家庭的必要元素。

2. 学会用行动向照顾自己的家人表达爱与感谢。

3. 感受家庭成员彼此之间的照顾和家庭中的性别角色分工，初步培养家庭责任感。

二、活动准备

教师准备：图片、绘本故事《我有一个家》、课堂工作纸、人像大头贴（见附录）。

三、活动过程

（一）引入：从"家"字说起

1. 教师板书："家"。

2. 学生围绕"家"展开联想，说一说自己想到了什么。

3. 教师可以从家人、家具、情感、责任等方面将学生联想的内容归类。

（二）了解不同的家庭结构

1. 教师配图讲解：

这是爸爸的家，这是妈妈的家。爸爸和妈妈相遇、相爱，决定要一起走人生的路,并承担家庭的责任,于是领取结婚证,从此一个新的家庭诞生了,这是一个两口之家。当他们有足够的能力照顾好这个新家后,他们便开始计划着一个新生命的到来,于是就有了"我",我们的家变成了一个三口之家。

2. 现场调查与采访:

小朋友们,我想做个小小的调查,咱们班是由爸爸、妈妈和你组成的三口之家的请举手。采访没有举手的孩子:你的家是怎样的呢?可能是有兄弟姐妹,可能是有祖辈,可能是单亲……

3. 教师总结:

从这个小小的调查中,我发现咱们每个人的家庭是不一样的。

4. 抛出疑惑,激起学生讨论:

为什么你们的家人里没有我?你觉得什么样的关系才能算一家人呢?

5. 教师总结:

家人是由婚姻、生育或收养而产生的人际关系。通过生育产生的家人之间有血缘关系;通过法律的方式让没有血缘关系的人也能成为家人,比如结婚、收养等。

(三)讲配图故事《我有一个家》(见附录),了解家庭会变化

1. 绘本内容概述:

以一个女孩的成长经历来讲述家庭的变化,其中涉及核心家庭(三口之家、四口之家)、寄养家庭、单亲家庭(父母离异或一方离世)、组合家庭(再婚的重组家庭)。

2. 看配图故事后交流：她的家发生了哪些变化？

3. 教师提炼家庭的不同名称：

核心家庭、寄养家庭、单亲家庭、组合家庭。

单亲家庭——特别讲道：结婚使爸爸妈妈成为合法的夫妻，法律能够保护他们；离婚也是爸爸妈妈用合法的方式分开，同样是保护和尊重彼此的方式，是大人们解决问题的方法。爸爸妈妈分开不是你的错，他们仍然爱着你。

4. 引导讨论：

为什么故事最后出现在小女孩家庭里的新妈妈成为他们家的一员呢？什么让他们成为一家人？

5. 教师总结引导：

她爱她的爸爸，她爱这个小女孩……教师引出"感情"一词。她愿意承担起妻子和妈妈的责任，与爸爸领取了结婚证，所以他们成了一家人。

教师补充：有的孩子在父母离婚后跟妈妈一起生活，妈妈再婚时家里就有了一个新爸爸，新爸爸也是以同样的方式成为家人。有的孩子跟着爸爸或妈妈去了一个新家，有的则跟着爸爸或妈妈留在原来的家。

（四）贴画自己的家

1. 学生在白纸上利用人物头像贴纸贴出自己的家庭结构和变化。

2. 从你出生起，家庭成员无变化的情况，请贴在左边方框内，并画画装饰；从你出生起，家庭成员有变化的情况，请按照变化的过程依次贴在右边的格子里。

3. 你爱家庭里的哪些人？请你在他的头像旁边画上一个表

示爱的符号。

4. 同伴之间介绍自己的家，以及家的变化。

5. 集体交流。

（五）回顾要点

1. 家有各种不同的结构，每个人的家是不同的，我们要做到与家人彼此尊重。

2. 每个人的家都是会变化的，我们要积极面对。

3. 没有血缘关系的人也可以成为家人，只要大家相亲相爱，家庭中就充满了温馨与快乐。

附录

（一）贴纸，人物大头贴（图片也可自己找）

（二）配图故事：我有一个家（此图由编者自行创作）

（三）课堂工作纸

我们的约定
　　大胆发言有礼貌
　　个人隐私要尊重
　　所学知识记心间
　　公开场所不谈论

现场小调查：
　　咱们班是由爸爸、妈妈和你组成的三口之家的请举手。

第七课 我有一个家

寄养家庭

三口之家

四口之家

单亲家庭

组合家庭

贴 贴 乐

一直是三口之家，没有变化

家庭的成员发生了变化

我们都有一个家，
它在不断地变化。
家人彼此手牵手，
用爱把心连起来，
有情才有幸福家。

我有一个　　家	我有一个　　家	
家庭成员没有发生变化	家庭成员发生了变化	
	①	
	②	
	③	
	④	

第八课 男孩女孩不一样

一、活动目标

1. 认识男孩、女孩的不同生理特征，知道男女最根本的不同是生殖器官的不同；了解人类生理性别形成的原因。

2. 能结合自己的认识提出对男女的认识，能正确描述男女生理性别的形成。

3. 渗透社会性别知识。

二、活动准备

教师准备：配图故事《男宝宝和女宝宝》（见附录）、婴儿平面图（见附录）、男孩女孩人体图（见附录）。

三、活动过程

（一）引入：我来取名字

1. 让学生介绍自己的姓名，并说出各自名字的来历和意义。

2. 用PPT出示卡通男孩和女孩头像，请学生取名字。

3. 说一说为什么要取不一样的名字，是如何判断出男女的。

4. 用三分钟时间，让男生女生互相观察一下对方，想想男孩和女孩还有哪些地方不一样。

教师建议：学生观察描述，教师总结中心词语并板书。当学生提出发型、衣服、饰品、样子等不同时，教师可由此引出生活中的一些个例,可以是学生观察到的,也可以是教师搜集的,初步建立"不能以外貌认定性别的观念"的意识。

教师总结:在生活中,我们发现男孩和女孩的发型、衣服、饰品、样子会有所不同,但并不是绝对的。单凭这些特点我们能确定这个人就是男孩或女孩吗?(不能确定,不绝对)

(二)探寻男女的性别来源

1. 激发探索欲望:询问学生什么是男孩,什么是女孩。

2. 教师用故事性语言讲述精卵结合时染色体配对的过程,例如:

爸爸的身体里有很多像小蝌蚪一样的精子,那是爸爸传播生命的种子,每个精子里都住着可爱的小精灵,不同的小精灵有着不同的名字,有的叫"X",有的叫"Y"。

妈妈的身体里有很多像小泡泡一样的卵子,那是妈妈传播生命的种子,每一颗卵子里也住着一位可爱的小精灵,它的名字叫作"X"。

有一天爸爸妈妈相爱了,精子们争着游进妈妈的身体里,游得最快的那个精子和卵子成功结合了。

如果住着"Y"精灵的精子获胜了,它将和卵子里的"X"结合在一起,这意味着妈妈的子宫里住进了一个可爱的男宝宝。

如果住着"X"精灵的精子获胜了,它将和卵子里的"X"结合在一起,这意味着妈妈的子宫里住进了一个可爱的女宝宝。

(通过讲述故事,帮助学生理解是男孩还是女孩,是由进入卵细胞的那个精子的染色体决定的,并引出性染色体的结

合，揭开性别来源之谜。在讲述时遇到重要点，应重复提问，加深印象，加强记忆）

3. 玩游戏"石头剪子布"：

让学生分别扮演性染色体X与Y，通过"石头剪子布"的形式，表演基因中XX、XY组合的过程，知道XX为女孩，XY为男孩。

（三）生命小秘密

1. 教师描述：小生命在妈妈的子宫里快乐地成长着，九个多月之后，小宝宝出生了。（教师出示两个婴儿平面图案，盖着被子，只露出头部）谁是男孩？谁是女孩呢？

2. 学生猜，说原因。

学生尽可能地猜测，教师不要急于自己揭开答案或暗示学生下一步该怎么做，直到有孩子要求掀开被子，才能做下一步。

3. 最后学生会要求揭开隐私部位的遮挡物，通过看生殖器官来识别，由此点明男女最根本的区别是"生殖器官的不同"。

4. 教师总结：原来男孩和女孩最根本的区别是生殖器官的不同，当我们出生的时候，周围的大人都是通过我们的生殖器官来区别我们的性别的。小时候我们自己不能照顾好自己，为了方便尿尿或解便，大人会给我们穿上开裆裤。随着我们渐渐长大，有能力照顾自己了，也为了保护我们隐私部位的安全，我们的生殖器官就不可以随便给别人看，也不能随便被别人看和摸，要保护好自己的秘密（秘密就是隐私），爸爸妈妈会给我们换成封裆裤。也为了男孩女孩的相互尊重，男孩学会了进男厕所,女孩学会了进女厕所。

(四)挑选玩具

出示玩具图片,男女生选玩具,说明自己选与不选的原因。

点明:我们的一些观念是受到周围人的影响而形成的,所以除了男女生的生殖器官不同,我们的其他不同都不是绝对的,你可以做出自己的选择。

(五)结课:知识小问答

1. 精子与卵子中的哪两个小精灵结合,出生的是男孩?(XY)

2. 精子与卵子中的哪两个小精灵结合,出生的是女孩?(XX)

3. 男孩女孩最根本的不一样是什么?(生殖器官的不同)

附录

(一)配图故事《男宝宝和女宝宝》(由编者自己创作)

一年级（下学期）

第八课 男孩女孩不一样

大眼睛看世界

《男宝宝和女宝宝的故事》

爸爸的肚子里有好多像小蝌蚪一样的精子，这是爸爸传播生命的种子。

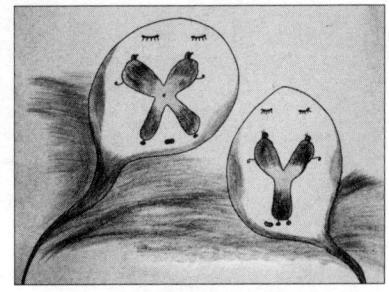

每一个精子里都住着可爱的小精灵，不同的小精灵有着不同的名字，有的叫"X"，有的叫"Y"。

067

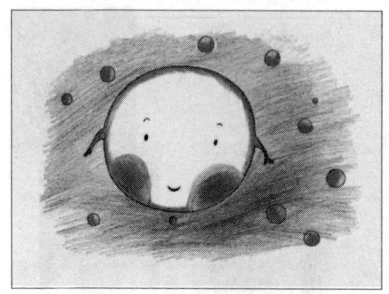

妈妈的肚子里有好多像小泡泡一样的卵子,这是妈妈传播生命的种子。

每一个卵子里住着一位可爱的小精灵,它的名字叫作"X"。

有一天,爸爸和妈妈相爱了,小蝌蚪们争着游进妈妈的肚子里,跑得最快的一个和卵子成功结合了。

如果爸爸的住着"Y"精灵的精子获胜了,它将和妈妈卵子里的"X"结合在一起,这意味着妈妈肚子里住进了一个可爱的男宝宝。

如果爸爸的住着"X"精灵的精子获胜了,它将和妈妈卵子里的"X"结合在一起,这意味着妈妈肚子里住进了一个可爱的女宝宝。

谁是男孩?
谁是女孩?

第八课　男孩女孩不一样

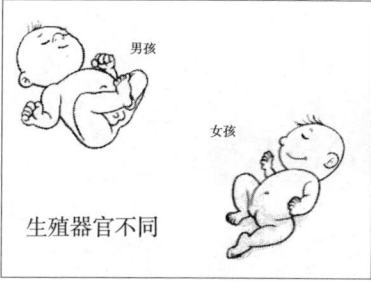

生殖器官不同

保护好自己身体的秘密，不被别人随便看和摸。

选一选你喜欢的玩具

知识小问答

精子与卵子中的哪两个小精灵结合，出生的是男孩？

精子与卵子中的哪两个小精灵结合，出生的是女孩？

男孩女孩最根本的不一样是什么？

（二）婴儿平面图制作方式

婴儿平面图需执教教师根据卡通形象绘制，男女婴儿仅以生殖器官进行区分。画好后，剪出图案，并给婴儿贴上可取下的纸片作为内裤。做好后，再绘制剪出两个比婴儿大的长方形卡纸作为婴儿的被子，可以绘制一些花纹进行装饰。在使用时用少量的双面胶进行固定，方便取下，也可以在婴儿图案和被子的后面贴上磁铁，以便反复使用。

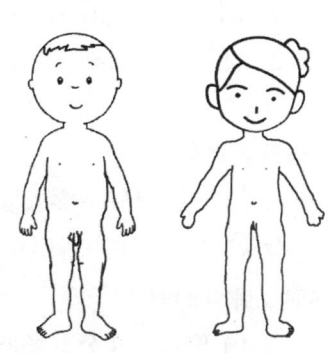

男孩女孩人体图

第九课　身体的隐私部位

一、活动目标
1. 认识身体的隐私部位，能用彩笔正确标出身体的隐私部位。
2. 初步懂得在学习、生活环境中保护自己的隐私。

二、活动准备
教师准备：工作纸（有裸体男孩、女孩）、图片（见附录）。
学生准备：彩笔。

三、活动过程
（一）引入：结合天气谈话
1. 结合天气逐渐变冷或变热聊一聊人们会有哪些变化。
2. 话题聚焦到衣服的变化上，思考：
（1）一年之中我们什么时候穿的衣服最多？为什么？（冬天最冷的时候）
（2）什么时候不穿衣服？（洗澡时、检查身体时等）
（3）什么时候衣服穿得最少？为什么？（游泳时、夏天最热时、睡觉时等）
（4）聚焦：在公共场所穿衣服最少的情况（游泳时）。

（二）观察图片，认识身体的隐私部位

1. 出示沙滩泳装的儿童图片，仔细观察其穿着，说一说图片上的内容。

2. 告诉学生泳衣和泳裤遮住的部位就是女孩和男孩的身体隐私部位。

3. 讨论：什么是隐私部位？（每个人身体中不能随便暴露的部位，这些部位不能随便给别人看，让别人摸。在公共场所暴露、触摸自己或他人的隐私部位，既不礼貌也不卫生，还是不文明的行为）

4. 口头描述：男孩和女孩的身体隐私部位在哪里？（无论是男孩还是女孩，生殖器官所在的位置以及臀部都是隐私部位，范围从腰部到大腿根部；女孩还有一处是胸部，以后会发育成乳房）

5. 发工作纸：用彩笔涂出身体的隐私部位（同桌互相检查）。

教学提示：如有学生涂了别的地方，要问问学生原因，因为每个人对隐私部位还会有个人的认识，例如头、肚子，他们会认为是别人不可以触摸的。教师提示学生今天所讲的隐私部位是在公共场所不能暴露、不能随便给别人看的部位，但要肯定，即使不是隐私部位，如果自己不愿意，也有权利拒绝别人的触碰。

（三）联系生活，情境讨论

1. 教师提问：在家里，哪些情况容易暴露自己的身体隐私部位，应该怎么做？

学生自由发言。

教学提示：可以引导学生讨论以下场景。

穿衣服时：没穿好衣服前要避开家人，如果爸爸妈妈进入你的房间，你有权利要求他们先敲门，得到你的同意后才能进入（自己穿衣）。

洗澡时：记得关好门，洗澡后要先用浴巾遮住隐私部位，再穿好衣服，或直接穿好衣服再出来（自己洗澡）。

上厕所时：记得关好门，而且我们还不能在公共场所大小便，因为这样暴露了你的隐私部位，同时也是一种很不文明的行为。

2. 教师提问：在学校，哪些情况容易暴露自己的身体隐私部位，应该怎么做？

学生自由发言。

教学提示：可以引导学生从以下场景展开讨论。

上厕所时：记得关好门，学会看门锁上的颜色，"绿色"表示没有人，"红色"表示有人。

游戏时：不要故意触碰对方的隐私部位，不小心碰到了要及时向对方道歉；不要玩伤害或暴露隐私部位的游戏，如果有人提议这样玩，要坚决拒绝，以其他健康有益的游戏代替。

寝室里：在上厕所、洗澡、睡觉、换衣服时，都要注意保护自己的身体隐私，不暴露自己的隐私部位。

（四）结课

学生自由发言，说说本课的收获。

第九课　身体的隐私部位

附录

（一）裸体男孩女孩的隐私部位

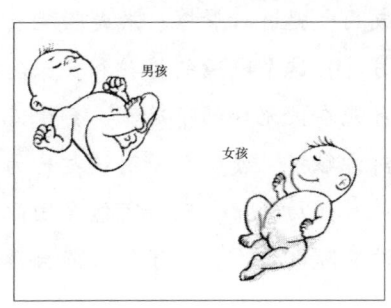

（二）其他参考资料

《珍爱生命——小学生性健康教育读本》二年级下册，刘文利主编，北京师范大学出版社2013年版，参考页码：第23~30页。

（三）相关理念

性心理发展是西格蒙德·弗洛伊德在19世纪末20世纪初提出的一个概念，是心理学理论的核心概念。它包括5个阶段：口腔期、肛门期、性器期、潜伏期、生殖期。

性器期是最重要的心理性欲阶段，发生于3~6岁。这一时期，性器官成为最重要的动情区。这一阶段的后期，儿童将经历俄狄浦斯情结，这是根据希腊神话中一个误娶了自己母亲为妻子的人物命名的情结。处于这一阶段的儿童表现为对异性父母发生了性兴趣。他们会对性器官很好奇，也会发现触摸它会有奇怪的快感。

性器期的孩子会很容易发现并去碰碰自己的性器官。男孩意识到触碰时它会变硬，而且会有不一样的快感，女孩则发现摸摸自己尿尿的地方会有特殊感觉，这些感觉会引起孩子对性的兴趣和好奇。我们可能会看到孩子将手放在自己的裤裆上，甚至伸进裤子里触摸；或用大腿进行摩擦；或是跨坐在椅子扶手上规律地来回移动。另外，这个阶段的男孩和女孩对彼此的身体有着很大的好奇，可能在被允许的情况下，会裸露自己身体的某个部位，甚至让对方触摸。发现孩子有这些行为时，我们可能会表现出惊恐，并且严厉禁止，孩子可能会因此而停止动作，但他们的快感并没有随之消失，孩子很可能会再找机会一试，满足自我的好奇心。

　　我们该给孩子的帮助：带他们了解身体结构与性别的不同，用健康、正面的态度来看待每个身体与每一种感觉。对于孩子对自己身体的探索要报以平常心态，建立安全、隐私、卫生的概念，而不是以惊恐的神情、邪恶的想法来阻止孩子在成长中必然发生的行为，与此同时，让孩子多和异性家长在一起。入学以后，接触更多事物后，身体的部位就不会是他们唯一关心的事情了，他们的注意力会渐渐转移到其他地方，家长和教师对这方面的担心也就可以少一些了！

　　资料内容可参考《性欲三论》，〔奥地利〕格蒙德·弗洛伊德著，赵蕾、宋景堂译，国际文化出版公司2007年版。

第十课　身体隐私的保护与尊重

一、活动目标

1. 巩固对身体隐私部位的认识，能准确描述出男女身体的隐私部位。

2. 进一步建立隐私保护意识，懂得和敢于拒绝自己不愿意的身体接触行为。

3. 懂得尊重别人的身体界限，不以任何方式触碰他人隐私部位。

二、活动准备

教师准备：故事书《我不喜欢亲亲》（见附录），其他关于隐私保护的案例、成人有意接触孩子的图片。

三、活动过程

（一）复习男女身体隐私部位的知识

1. 用自己的话来说说女孩、男孩的身体隐私部位。

2. 为什么我们把这些部位叫作隐私部位？

（二）日常生活中的保护与尊重

1. 回顾上一节课所讨论的在家里的隐私保护与尊重。

2. 思考：在学校时，哪些情况容易暴露和伤害隐私部位？

教学提示：聚焦上厕所、游戏。

3. 讨论：

（1）上厕所时应该怎么做才不会暴露隐私部位？

（2）哪些游戏容易暴露或伤害身体的隐私部位？

教师出示课前搜集的校园生活图片，学生进行判断，并能说出暴露和伤害的原因。

教学提示：在游戏中有一些现象需要关注，如踢打、掀裙子、拉裤子，在交流中要着力指导学生意识到自己这样做是错误和危险的，思考和建议正确的做法。

鼓励以前参与此类游戏或行为的学生来谈自己的想法和感受。

（三）听故事，谈自己

1. 教师讲故事《我不喜欢亲亲》，结合故事内容的进展，询问学生是否遇到过这样的情况，带领学生体会当事人的心情，并提出自己的想法和做法。

2. 教师问题引导，建立保护自己的概念——当你的身体被别人接触时，自己有不愉快、不舒服的感觉时，要学会说："不，不行。"

（四）拒绝技能的训练

1. 教师出示成人有意接触孩子的图片，让学生思考：如果孩子不愿意，可以怎么做？同桌一对一演练一下。

2. 分组角色表演拒绝他人触碰（视时间多少，决定表演的组数）。

3. 在我们的生活中，也有一些我们喜欢的人，或是来帮助我们的人，他们有时候可能会需要触碰到我们的身体隐私部位，想想他们是谁？在哪些情况下需要接触隐私部位？

教学提示：可能的情况有——父母帮忙洗澡穿衣服；医生检查身体；受伤或生病行动不便时亲人照顾自己，清洁隐私部位等。需要强调学生应当尽量生活自理，提醒医生检查身体需要父母或其他监护人陪同。

教师总结：在没有必要的情况下，若有人故意触摸你的隐私部位，要坚决拒绝，尽快离开，告诉父母或其他信任的人；有人抚摸你、拥抱你、亲吻你的时候，如果你不愿意，或觉得不舒服，你有权利拒绝。

附录

1. 课堂情境图片可参考《珍爱生命——小学生性健康教育读本》二年级下册，刘文利主编，北京师范大学出版社2013年版第23~30页。

2. 适合本课的绘本：

《我不喜欢亲亲》，〔韩〕边真英著，〔韩〕金利祖绘，陈爱丽译，浙江教育出版社2010年版。

《我的小辣椒好痒》，〔韩〕韩恩贤著，〔韩〕金顺英绘，陈爱丽译，浙江教育出版社2010年版。

《邪恶的秘密》，〔韩〕柳炫文著，〔韩〕崔熙英绘，陈爱丽译，浙江教育出版社2010年版。

二年级
（上学期）

第一课　朋友的影响

一、活动目标

1. 知道朋友会对一个人产生或好或坏的影响。

2. 能够初步区分同伴影响的好与坏，判断同性或异性相处中的不同行为，并做出正确的回应。

二、活动准备

教师准备：搜集朋友相处的场景图、朋友相处的情景题卡（见附录）。

学生准备：卡片纸、笔（也可教师准备）。

三、活动过程

（一）引入游戏：说说好朋友

1. 宣布击掌游戏规则：

（1）学生围成圆圈，指定一个学生为1号。

（2）教师（或一个学生）闭上眼睛数数，计数开始，1号与2号双手击掌，2号与3号击掌，轮流下去。

（3）停止数数后，未来得及击掌的学生应邀介绍自己的好朋友。

教学提示：教师可用音乐、击鼓等多种方式计时，类似击鼓传花，只是不需要实物而已。游戏前要向学生讲明游戏规则，可以演示一遍。

2. 玩游戏，介绍自己的好朋友。

（二）讨论：朋友之间是什么样的？

1. 教师过渡，提出问题：朋友之间是什么样的？

2. 学生自由交流，教师记录重点，例如谦让、分享、真诚、信任……

3. 出示朋友相处的场景图片，引导学生思考，当小军遇到这样一些问题或做出了这样一些行为时，作为他的朋友小磊可以如何回应小军呢？

小军遇到的问题或所做出的行为举例：

（1）小军有一道题不会解。

（2）小军想给大家讲个故事。

（3）下雨了，小军没带雨伞。

（4）小军正在摘校园里的花。

（5）小军对小磊说："对不起，我不应该和他们一起取笑你！"

4. 请学生结合场景图表演，练习友好地表达。

建议：学生可以根据自己的理解和生活经验做出相应的表达，不局限于以下预设。

（1）我会做，我来教你吧！（相互学习）

（2）小军讲故事真好听。（相互欣赏）

（3）我带伞了，我们一起回家吧！（相互关心）

（4）小军，花是给大家看的，你不能摘！（相互提醒）

（5）没关系，咱俩还是好朋友。（相互谅解）

（三）情境讨论——朋友带来的烦恼

1. 教师给出情境题卡（情境设置参见附录，教师也可以根据学生中的真实事件、常见问题来创编情境），学生分小组抽取一个题卡，体会情境中主角的困扰，思考应对的方法。

2. 小组交流，建议通过讲述或者表演两种形式（指导学生讲述或表演出主角的情绪，并展示缓解压力、调节情绪的方式，以及应对行为）进行交流汇报。

教师引导建议——给学生一种思考的方式：

（1）朋友的影响给我带来什么感受？（内心真实的感觉）

（2）我希望向对方提出哪些要求或意见？

（3）我如何说和做，才能让对方更好地理解我的感受，接受我的意见？

（4）如果对方始终没有停止给我造成困扰，或不接受我的意见，我还可以有哪些选择？

3. 教师总结：朋友的行为带给我们的感受并不都是愉快的，如果朋友的某些行为让你感觉不安全、不舒服，我们有权利向对方表达自己的感受，并请对方停止对自己的所作所为；如果朋友不接受意见，拒绝停止这些行为，可以请双方信任的人介入沟通；如果与朋友意见有分歧，你可以坚持自己认为正确的决定，也可以向你信任的人（家人、教师）倾诉，让他们给你提出建议。

（四）友谊的小船

1. 提出要求：回忆好朋友给自己带来的快乐和烦恼，选择一点表达自己的感谢或要求。

2. 学生在船形纸片上写自己想说的话，例如：

第一课 朋友的影响

丁丁：

你好！昨天下午放学排队时，你在后面拉我的裙子，我觉得很不舒服。希望你以后别再这样做了，我们仍然是好朋友。

小小

3. 在音乐声中念纸条、送纸条。

附录

情境一：

我和小天是幼儿园的同学，现在读一年级了。他是班里出了名的捣蛋鬼，经常欺负同学，可常常帮助我。有时候他会让我去捉弄同学，我不愿意，他就说我不够朋友。我该怎么办呢？

情境二：

我叫玛丽，杰克是我的朋友，他坐在我的后面。每次上课趁老师不注意时，他就会扯我的头发。我知道他是为了好玩，可是这种感觉让我很不舒服，我想跟他谈谈，可是应该怎么说呢？

情境三：

我是小齐，今年读小学一年级，最近我遇到了一件很烦的事情。在幼儿园的时候我们和男生是换着上厕所的，有老师帮助我们。到了这所学校男生女生要分别上属于自己的厕所，下课后老是有一群男生堵在女厕所门口捉我们，我觉得很讨厌，可是朋友小琳却觉得很好玩，我应该怎么办呢？

情境四：

我是童童，今年读小学二年级。我有一个很要好的朋友星星，我们从幼儿园开始就是同学了。他对我很好，在我生病时会每天到家里来给我讲功课。可是，最近我们在玩游戏"抓小

偷"时,他总喜欢拉我的裤子,有时候还使劲往下扯,让我觉得很不舒服,我跟他讲过别这样做,可是他一会儿又忘了。我该怎么办呢?

情境五:

我是小豆豆,我有一个很好的朋友叫琪琪。我们俩从一年级开始就是很好的朋友,经常一起玩。最近,我和班级里的另一个女孩子玩,琪琪看到了很不开心,不准我跟那个女孩玩,还说如果跟她玩就不和我说话了。我不知道她为什么要这样做,我不愿意失去琪琪这个好朋友,但我也想结交更多的朋友,怎么办呢?

第二课　形式多样的沟通

一、活动目标

1. 知道人们有多种不同的沟通方式，包括语言沟通和非语言沟通。

2. 初步感受沟通的重要性，特别是与自己信任的人之间的沟通。

3. 通过活动培养学生沟通与协商的能力。

二、活动准备

教师准备："打电话"游戏用品、指令盒子，制作一个图（如图）。

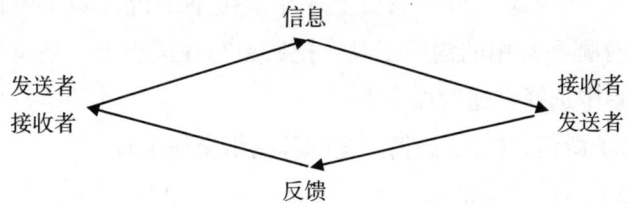

三、活动过程

（一）引入游戏："打电话"

1. 教师和一个学生玩"打电话"的游戏，场景设计为教师打电话问候一个生病在家的学生，该生要在电话中作出回应。

2. 展示制作的图，结合"打电话"的游戏，帮助参与者清楚知道沟通交流是双方互相交换信息、交流感情的过程。

3. 解释上图模型。

沟通是双向的，参与沟通的双方都是信息的发送者，也都是信息的接收者。沟通可能先由一方发起，充当信息发送者的角色，另一方是信息接收者；但如果没有反馈，就不是沟通或交流，只是单向的信息传递。所以当接收者反馈信息时，就变成了发送者，而沟通发起者在接收反馈时便是接收者。沟通交流过程就是不断发送、接收、反馈信息的过程，沟通双方互为信息发送者和接收者。

补充说明：发出信息时需要表达准确，而接收信息也需要充分理解，否则沟通过程可能不顺畅，甚至产生误解，影响人际关系。

4. 指出此次沟通是借助电话（工具），以语言为信息载体完成的。

（二）搜索沟通工具

1. 把"沟通"写在黑板上，让学生举例说说除了电话以外，还有哪些常用的沟通工具，把回答写在黑板上，还可以从以下内容中选择合适的加上去。

（1）微信、QQ、微博、电邮等网络交往工具。

（2）写信或写纸条。

（3）手语。

（4）面部表情。

（5）眼神。

2. 给出一个沟通情境的例子，让学生形象地理解沟通的

第二课　形式多样的沟通

过程。

例：

冬冬（男生）和小兰（女生）在说话。

冬冬："妈妈出差两天了，我很想她。"

小兰："要是我妈离开我两天，我也会想的。"

冬冬："妈妈在家的时候，我有什么困难她都会帮我；她不在我就觉得没有依靠了。"

小兰："要是有我能做的，你就告诉我吧，我会尽力帮你的。"

3. 让学生讨论回答以下问题：

沟通的发起者是谁？沟通时，冬冬和小兰什么时候是信息发送者，什么时候是接收者？小兰给冬冬发出的信息是如何反馈的？

（三）沟通练习

1. 练习方法：角色扮演。

2. 操作步骤：

（1）请一位学生扮演冬冬（男生），台词就是上述环节中的两句。

（2）其他学生思考当冬冬说出上述两句心事的时候，自己会如何回应。

（3）愿意参与的学生依次上台与冬冬进行沟通。

（4）冬冬说出哪一位跟他的互动最让他觉得舒服，并解释为什么。

（四）身体语言猜猜看

1. 教师结合交流案例，扮演小兰给冬冬一个拥抱，问这个拥抱想要表达什么,阐明身体语言指的是人们通过身体的动作来表达感情。然后让大家给出例子,如微笑、耸肩、翻白眼等。

2. 开始"身体语言猜猜看"的游戏:

(1)请8位志愿者出来玩"看表情或手势猜字谜"的游戏:一个人表演,大家猜是什么意思。

(2)把下面的形容词写在一张纸条上,把纸条折叠起来放在一个指令盒子里。你可以任意添加词汇:生气、伤心、失望、快乐、害羞、紧张、害怕、筋疲力尽等。

(3)每一个志愿者依次从盒子里抽出一张字条,看完之后表演,不能说话。其余的人猜是什么意思,直到猜中(二年级学生的词汇量不多,给出的词语尽量是他们熟知的,说出相近的意思也是可以的)。

(4)把纸条上的词写在黑板上"感觉"一栏里,把志愿者的动作写在"行为"一栏里,重复游戏,直到盒子里的纸条用完为止。

3. 思考:当你传送信息的时候,身体语言与言语交流哪个更有效率?为什么?

第三课　学会倾听

一、活动目标

1. 让学生懂得在人际交往中倾听他人是很重要的沟通环节。

2. 初步建立倾听的正确态度，感受倾听中尊重与共情的作用。

3. 通过训练，初步形成基本的倾听技能。

二、活动准备

教师准备：学习指导者资料"倾听者行为指导说明"和"积极的倾听技能"（见附录）；复印足够的"倾听者行为指导说明"，把上面的每一条剪下来作为一张纸条（纸条数量应为全班总人数的2/3以上），把纸条折叠起来，前8条放在绿色标志的盒子里，后8条放在红色标志的盒子里（前8条为不良的倾听方式，后8条为良好的倾听方式；活动时每组2名倾听者，各有1名执行不良和良好的倾听行为）。

三、活动过程

教师导入语：很多人希望自己有出众的口才，但是在人际沟通中倾听和表达一样重要，甚至比表达更重要。今天我们就来感受和训练这种重要的人际交往技能。

（一）感受倾听（角色扮演）

1. 活动规则：

（1）让参与者排成一列，从1到3报数。

（2）每个1、2、3为一组，报数"1"的人是讲话者，报数2、3的人是倾听者。

教学提示：人数如果不够3的倍数，余2人时教师加入；如果单出1个人，可以加入一个组，这个组就有三名倾听者。

（3）在每一组里，给讲话者3分钟时间讲话，讲话的内容自己确定，可以是自己喜欢的事物、与家人一起的故事、同学间的事情等。

（4）让每组的两位倾听者分别从两个盒子里各抽出一张纸条，看清楚纸条上的要求，在讲话者讲一会儿之后，就开始按纸条上的指示去做。

教学提示：每组两名倾听者确保各有一名在活动中表现良好和不良，让讲话者分别感受不同倾听方式给自己带来的感受。倾听者抽好纸条后自己看，做好准备就行了，不让别人知道。

2. 让大家清楚游戏规则之后开始活动。

3. 几分钟之后让大家回来，然后由讲话者发言，说一说他们对倾听者的倾听方式有什么感受。

4. 问讲话者哪个倾听者让他们感到是在"倾听"，然后让那位倾听者读出他（她）的纸条上的指示。把积极倾听的行为举止写在黑板上，添加一些来自"积极的倾听技能"上的技能。

5. 接下来问讲话者哪个倾听者最让他们感到没有"倾

听",并说明表现差的倾听者仅仅是依从纸条上的指示,与他们个人行为无关。把消极的倾听行为写在黑板上。

(二)展开讨论

讨论议题(视时间和兴趣选择2~3个议题):

1. 当你跟某人说什么事,他(她)却没有真正在听的时候,你有什么感受?

2. 你在平常与人沟通中是良好的倾听行为多,还是不良的倾听行为多?

3. 在通常情况下,你认为你会用到哪些积极的倾听技能?

4. 你很困、分心或焦虑的时候,有人要认真地跟你讲一件事,你该怎么办?(参考答案:诚实地告诉他们你现在的情形,问他们能不能重新安排一个时间谈论这件事)

(三)换人重玩"感受倾听"角色扮演游戏

1. 请刚才的游戏组重玩游戏,先前活动中的两名倾听者商量定出一名换作讲话者,另两人充当倾听者,尽量表现良好的倾听行为。

2. 对比活动结果,讲话者对两位倾听者做出评价,并表达自己的感受。

(四)结课:说说自己的收获

教学提示:该环节时间灵活,可长可短;可以让学生自由讨论交流,也可以指名上台分享。

附录

(一)"倾听者行为指导说明"

(每条剪开备用,数量应为全班人数的2/3以上)

1. 不管他人想不想要,不断给对方提建议,说"你应该……"或者"如果我是你……"这样的话。

2. 不停地打断说话者。

3. 总是讲一个比说话者更好的故事来占上风,以"你那不算什么,我有一次……"或"你这没什么的,我听说过……"。

4. 不同意说话者:每一次无论他说什么都质疑,然后说你认为他应该怎样做。

5. 通过批评来贬低说话者,说"真蠢"或"你为什么要那样做"这样的话。

6. 刚开始仔细听,然后就开始显得无聊:眼睛盯着其他地方,叹气,看自己的手表,翻白眼。

7. 变换到跟说话者当前所说话题无关的事情上。

8. 当说话者正在说话的时候,靠向其他人开始说悄悄话。

9. 用"我很喜欢你处理这件事的方式"或者"听起来你真的在努力对付这件事"这样的话来支持说话者。

10. 看着说话者,保持眼神的接触,时不时地点点头表示你同意或用言语表示你同意,如"嗯、哈"。

11. 通过问问题来澄清说话者的意思,比如说"你是说……"或者"我不确定我明白没有,你能不能告诉我更多"。

12. 把说话者的意思反馈回去,说"我想你是说……"或者"听起来像……""我理解你想说……是这个意思吗"这样的话。

13. 对说话者的感受表示理解,如:"我能理解你的感受。""如果我是你,也会这样想。""要是我处在你那种情境,也可能会这样做。"

14. 对说话者的表达表现出兴趣,鼓励说话者更多地表达。如以反问的方式表达兴趣:"真的吗?""后来怎么样了?""当时情况是怎样的?"

15. 积极反馈。如果说话者说的是愉快的事,就说:"那太棒了!""真不错!"说的是不愉快的事,就反馈:"那太不幸了。""真让人遗憾。"

16. 不说话,保持微笑,眼神保持跟说话者的接触,不时点头。

(二)积极的倾听技能

1. 给说话者你全部的注意力,停止做其他的事情,移除分心的东西(如关掉电视),转过脸去面对他。

2. 倾斜身体朝向说话者。

3. 除非在你们的文化中这样做是粗鲁的,不然就保持与说话者的眼神接触。

4. 对说话者的评论用点头或摇头的方式做出回应。

5. 用言语让说话者知道你在听,如"嗯嗯,是的,继续说"。

6. 改变你的面部表情对不同的情绪做出合适的反应,如关心的表情、兴奋、害怕等。

7. 检验说话者信息的含义:说你认为他(她)说的是什么,问对不对。

8. 试着发现说话者的感受,检验你的发现对不对。

9. 不要打断说话者，除非时间问题或是你有别的要紧的事，如有这种情况，道歉并征求要不要安排另一个时间谈论。

（三）结合低年段儿童特点，可以简化的内容

消极的——

1. 不停地打断他。
2. 说"真笨""不如我的好"。
3. 讲另一件事。
4. 开始仔细听，后来眼睛看其他地方。
5. 不停地叹气。
6. 玩自己的衣服或手指。
7. 翻白眼。
8. 和另一个听的人说悄悄话。
9. 总说："我不同意！"
10. 离开一会儿，去拿书。

积极的——

1. 面对面，眼睛看着说话人的眼睛。
2. 向说话者倾斜上身。
3. 用动作和语言让说话者知道你在听：点头，说"是的"。
4. 不同意的地方摇头，举手表示你要说话。
5. 不插话，等说话人说完了再问不明白的地方。
6. 保持微笑。

第四课　学习做决定

一、活动目标

1. 让学生了解和学习做决定的"3C模式"，鼓励他们在做重大决定时采用此模式。

2. 练习清楚地表达"是"和"不"，使一个人的隐私以及身体不受伤害。

二、活动准备

教师准备：水果贴若干、练习纸若干、挑战书三份（内容见附录，纸张大小自定）、情境案例。

三、活动过程

（一）挑战书

1. 教师导入语：有些事，我们想做但是难以坚持，同学们想尝试挑战一下自己吗？今天老师向同学们发起挑战，有三项挑战，同学们自愿应战。每一项愿意应战的人超过班上总人数三分之一，老师就与大家一同完成，一起坚持。如果没完成，与同学们一起受罚。是否应战，接受哪一项挑战，全凭同学们自己做主。

2. 教师以挑战书的方式提出一些挑战（见附录）。学生先决定自己是否要接受这个挑战，决定接受的在挑战书上签字。

3. 教师趁机采访做出不同决定的学生：决定接受或不接受挑战的理由和想法、应战后内心是否有压力。板书：挑战、选择、结果。

4. 点明在刚才活动的过程中，我们每个人都经历了一个做决定的过程。

教学提示：这个环节既是一个教学体验环节，也是一个实践环节；若某项挑战人数达到要求，教师要率先参与，并坚持到规定时间。

（二）学习做决定

教师导入语：我们每一个人，每天都有许多事情需要做出决定，比如什么时候起床，课间去玩耍还是去看书，周末要不要参加特长班，参加哪一种特长班，等等。当需要我们做决定的时候，有些人经过了认真思考，有的人则是随意做出了选择；有的人事后发现决定做得正确，有的人则事后为所做的决定后悔。有些决定怎么选择都没有多大关系，比如中午吃面条还是米饭；有的决定则很关键，对自己以后的人生影响比较大，比如决定要不要上学。一旦做出决定，就要承担相应的结果。我们希望做重要决定时同学们能考虑周到一些，做出明智的决定。那么，如何才能做到呢？

1. 学习做决定的"3C模式"。

今天老师给大家介绍一个做决定的思路，分为三个环节，因为每个环节的英文首字母都是C，所以我们称为做决定的"3C模式"。今天我们就来学一学，用一用。

教师给出一个生活情境（见附录），带领学生练习一步步完成做决定的"3C模式"：

（1）了解自己面临的挑战（Challenge）：确定你面临的问题或挑战。

（2）清楚自己有几种选择（Choices）：想一想你有几种选择，并写下至少三种。

（3）明确每种选择的不同后果（Consequences）：搞清楚每一种选择可能带来的好的和不好的后果。然后，比较各种选择和列出来的后果，做出决定。

教学提示：在这个环节，根据课堂教学时间灵活掌握给定情境数量，以1~2个为宜。

2. 请学生复述做决定的"3C模式"，巩固思路。

（三）我的决定怎么样？

1. 学生回顾"挑战书"活动环节自己所做的决定，用"3C模式"重新审视，看看自己做了一个慎重的决定，还是轻率的决定。

2. 举手统计有多少人后悔自己的决定，多少人为自己的决定感到满意。

3. 请对决定不满意的学生，按自己的决定修改挑战书上的签字。

（四）绘本《邪恶的秘密》（见附录）

1. 结合故事内容，选择2~3个关键决定处，请学生运用"3C模式"做决定。

2. 鼓励学生清楚自信地表达自己做出的决定。

3. 鼓励学生在无法做出决定时向自己信任的成年人求得帮助。

（五）课后作业

回家把做决定的"3C模式"介绍给父母。

附录
（一）挑战书

挑战书一：背古诗

我愿意接受以下挑战：从今天起除周末外每天坚持背一首五言或七言古诗，每周背五首，连续五周。每周一接受挑战组组长检查，检查不合格的那一周，自愿参加教室清洁工作。

应战人：

挑战书二：写日记

我愿意接受以下挑战：从今天起开始写学习日记，持续到期末。每周一接受挑战组组长检查，检查不合格的那一周，自愿参加教室清洁工作。

应战人：

挑战书三：晨跑

我愿意接受以下挑战：从今天起每天坚持晨跑，持续到学期末。建立晨跑记录表，由家长每天签字确认，每周一接受挑战组组长检查。检查不合格的那一周，自愿参加教室清洁工作。

应战人：

（二）情境案例

1. 已经到了睡觉的时间，我还有英语朗读作业没有做，怎么办？

2. 课堂上，突然肚子疼，想上卫生间，怎么办？

3. 玩耍中，他躲进了女厕所里，我追还是不追？

4. 邻居阿姨来接我，妈妈却没有告诉我，我跟不跟她走呢？

5. 阅读绘本《邪恶的秘密》，回答以下问题：

（1）叔叔的游戏很怪，我要不要和他玩这样的游戏？

（2）叔叔让我保守秘密，我应该怎么做？

（3）我该不该把事情告诉妈妈呢？

（三）绘本出处

《邪恶的秘密》，〔韩〕柳炫著，〔韩〕崔熙美绘，陈爱丽译，浙江教育出版社2010年版。

第五课　我的身体感觉

一、活动目标

1. 了解用来描述身体感觉的多种词语，说出人们对他人表达爱和关心的各种方式。

2. 定义"恰当的触摸"和"不恰当的触摸"，认识到一些触摸儿童的方式是有害的。

3. 展示自己对不同身体感觉的回应方式。

二、活动准备

教师准备：绘本《猜猜我有多爱你》（见附录）、图片（结合课程内容准备，做在PPT上）。

学生准备：哭脸和笑脸标志（每个学生一对，用于现场表态，哭脸代表不好的感觉，笑脸代表好的感觉。这样有利于了解每个学生的想法，有更多的机会关注极少数人）。

三、活动过程

（一）引入故事：《猜猜我有多爱你》

1. 教师讲绘本故事《猜猜我有多爱你》。学生边听边想：故事中有谁？他们在聊什么？

2. 学生听完故事后交流。教师追问：你从故事中的哪些内容或画面感受到了他们在彼此表达爱？（例如语言、亲吻、拥抱、微笑地说……）

（二）回忆好的身体感觉

1. 交流：你身边的人会用哪些方式来表达爱呢？（学生联系生活说一说）

2. 教师同时追问：当别人用这种方式向你表达爱的时候，你的心里或身体有什么感觉？

3. 师生交流时，教师板书表达爱的词语和身体感觉的词语（学生出示笑脸或哭脸表达自己的身体感受）。

4. 讨论：如果你想要表达对别人的喜欢和爱，会用到哪些方式呢？

（三）情境判断，发现更多的身体感觉

教师过渡语：我们常常会用握手、拥抱、亲脸颊、亲吻等身体接触的方式来表达对别人的喜欢和爱。其实在生活中，我们会和很多人在不同的时候发生身体上的接触。咱们来看看这些图片，想象如果你就是图片中的那个小朋友，你的身体会是什么感觉？

1. 教师出示以下情境图片，询问学生的身体感觉，教师板书。

图片说明：① 医生检查身体；② 和同学踢足球；③ 与老师拥抱；④ 暴露自己的生殖器官给别人看或摸；⑤ 被大人触摸隐私部位。这些图片可由教师在课前自行准备。

2. 学生结合每个图片情境用一个词语来描述身体感觉，并简要说说这种身体触摸是否恰当，自己能不能接受。教师应结合学生的描述总结，鼓励学生独立地思考与表达。指导学生出示笑脸或哭脸表达自己的身体感受。

3. 教师总结：如果对方的触摸带给你安全、舒服的身体感觉，就是"恰当的触摸"；如果对方的触摸带给你不安全、不舒服的身体感觉，就是"不恰当的触摸"，甚至有些触摸是对我们有害的。

（四）展示应对"不恰当的触摸"的方式

1. 从上一环节的讨论中提炼出达成共识的"不恰当的触摸"，思考自己应该怎么应对。

2. 学生交流自己的想法，师生趁机交流或是进行演示。

3. 总结方法：①判断自己的感觉；②坚决地表示拒绝；③不为坏人保守秘密；④及时告诉信赖的人求得帮助；⑤告诉自己：这不是自己的错。

附录

绘本《猜猜我有多爱你》，〔爱尔兰〕山姆·麦克布雷尼著，〔英〕安妮塔·婕朗绘，梅子涵译，明天出版社2018年版。

二年级
（下学期）

第六课　男孩的身体

一、活动目标

1. 了解男孩的外生殖器官，认识男孩外生殖器官的结构、名称及作用。

2. 学习保护自己的外生殖器官，掌握正确的清洁方法。

3. 初步建立"我会长大"的意识，认同自己的性别。

二、活动准备

教师准备：绘本《为什么我是男孩》（见附录）。

三、活动过程

（一）引入：师生交流引出话题

1. 谈话，回顾在以前的课程中了解了关于人体的哪些知识。

教学提示：主要帮助学生回忆身体隐私部位的保护、生命的诞生、男女的本质区别是生殖器官的不同等知识。

2. 进一步认识什么是生殖器官。

教师讲述：生殖器官是人类创造生命的器官。"生"是指生命，"殖"是指繁衍、繁殖。它与人类生命的延续是分不开的，没有它，人类就不能够生孩子，人类就没有下一代，也就不会有今天的我们。你们觉得它重要吗？

（二）讲故事第一部分引出疑惑

1. 教师讲绘本故事《为什么我是男孩》（P1-P10）。

教师（P3）：奔奔穿上妮妮的裙子，戴上妮妮的发夹，会发生什么事呢？（学生自由回答）

教师（P10）："……他飞快地穿上衣服跑开，心里很不安。"（猜猜他心里在想什么）

教师：是呀，他有太多的问题，得找个人问问（P11）。他会怎么问太阳精灵呢？（学生自主提问，也表达自己的疑惑）

2. 师继续讲故事（P12-P17）。

教师：你们觉得从太阳精灵那儿，奔奔明白了什么？（知道了男孩和女孩的生殖器官是不一样的，要爱护自己的，也要尊重别人的，特别是女孩子的）

教师：可是奔奔仍然有一个疑惑，是什么呢？

教学提示：此处要积极鼓励学生表达自己的认识，为奔奔解答疑惑。教师要引导孩子质疑绘本中这一说法："我身上比女孩多长的这样东西究竟是什么样的呢？"并不是男孩比女孩多长了东西，而是男孩和女孩的外生殖器官本来就长得不一样，女孩子的生殖器官大部分都在身体内。

（三）认识男孩的外生殖器官

1. 结合故事疑问及学生的讲述，介绍男性外生殖器官。

教师：孩子们，其实咱们男孩大腿之间能看见的这个部分只是男性生殖器官的一部分，我们称为男性外生殖器官。咱们来看看它的样子。（出示阴茎绘本图片）

（1）教师：男性外生殖器官包括阴茎和阴囊。阴茎的前端称为龟头，前面的小口是用来做什么的呢？（解小便，叫作尿

道口）

（2）教师：龟头与阴茎交界的地方称为冠状沟，包裹着阴茎的这一层皮肤，我们称为包皮。你们有没有发现，一般情况下包皮会把龟头怎么样？（包住）

（3）教师：当男孩解小便的时候，总会有一些尿液沉积在冠状沟里，时间久了会形成尿垢，开始滋生细菌，引起尿道口和龟头发红、发痒、发痛。你们有过这样的感觉吗？（学生交流）遇到这样的情况，你是怎么做的？（学生交流）

教师：那么怎么做才能改变这样的情况呢？（学生交流）

（4）教师：对，男孩要勤洗澡，在洗澡的时候要把包皮向上翻，将冠状沟和龟头露出来，将周围的尿垢清洗干净。你们这样洗过吗？（学生交流）

包茎——包皮太紧，无法将包皮翻起来显露出完整的龟头。

包皮过长——能够上翻，而不能够使龟头正常露出。

（长期被包裹，无法清洗会怎么样？应该怎么办呢？）

教学提示：教师要提醒从来没有这样洗过的学生，在下一次洗澡的时候就要把龟头翻出来清洗，但不要急于把它洗干净，不能用指甲抠，或使劲搓，只要多次清洗尿垢就会自己脱落。此处引出包皮过紧、过长两种情况，提醒学生注意观察，及时就医。

（5）教师：刚才咱们认识了男孩的宝贝小弟弟。现在咱们来看看它（手指阴囊图片）。

平常你们怎么称呼它呢？（学生自由回答，可能出现的称呼如"蛋蛋"等）

（6）教师：咱们平常称呼的"蛋蛋"是住在这里面的，外面的这层皮肤像一个口袋把它装在里面。我们把这层皮肤称为阴囊。

教学提示：此处学生会按照日常习惯称为"蛋蛋"，其指的是睾丸，而不是包裹睾丸的阴囊。

（7）教师：住在里面的"蛋蛋"的科学名称叫作睾丸。你知道关于它的哪些知识？（学生自由回答）

（8）教师：正常男孩的阴囊里有两个睾丸，左右两边各一个。我们可以用手摸到阴囊里的睾丸。这可是一对娇气而珍贵的宝贝。

教学提示：教师可补充介绍睾丸的相关知识——隐睾是指男婴出生后单侧或双侧睾丸未降至阴囊而停留在其正常下降过程中的任何一处。也就是说阴囊内没有睾丸或仅有一侧有睾丸，这种情况要立即就医。这对宝贝怕冷又怕热：冷的时候，它会向腹部靠拢取暖；热的时候，它会下垂逐渐离开腹部（学生们一般都有实际的体会）。

（9）教师：睾丸有什么作用呢？（生产生命的种子——精子，产生雄性激素——随着我们长大，它能让男孩高大强壮，变得越来越成熟）

2. 请学生说说自己知道了什么，及时巩固所学习的知识。

（四）讲故事，初步建立"我会长大"的意识，认同自己的性别

1. 教师讲绘本《为什么我是男孩》（P18-P23）。

教师：咱们跟着奔奔去看看他的爸爸是怎么说的？（通过故事让学生知道随着年龄的增长，男性的身体会发生变化，而

这些变化与生殖器官息息相关）

教师：随着年龄的增长，我们的身体会发生变化，这些变化与生殖器官有着密切的关系。因此奔奔想做爸爸一样的男子汉，他首先要学会爱护自己的生殖器官。你们有什么好的建议吗？来说说。女孩子也可以给男孩提出建议哦！

2. 教师总结：给男孩的建议——

（1）正确清洗自己的外生殖器官。

（2）不要在公共场所用手去摸、玩自己的外生殖器官。

（3）游戏时不要故意去顶、抓自己的外生殖器官。

（4）玩耍或活动时要注意保护自己的外生殖器官。

附录

绘本《为什么我是男孩》，王早早文，朱进绘，江西高校出版社2009年版。

第七课 女孩的身体

一、活动目标

1. 了解女孩的外生殖器官，认识女孩外生殖器官的结构、名称及作用。

2. 学习保护自己的外生殖器官，掌握正确的清洁方法。

3. 初步建立"我会长大"的意识，认同自己的性别。

二、活动准备

教师准备：绘本《为什么我是女孩》（见附录）。

学生准备：彩笔、画纸。

三、活动过程

（一）引入：师生交流引出话题

1. 教师带领学生回顾有关男孩外生殖器官的知识。

2. 引出今天课堂学习的主要内容：

教师：我们来听听《为什么我是女孩》这个故事，去了解女孩的外生殖器。

教学提示：此处可让学生说说对女孩外生殖器官的了解，便于了解学生的知识量，发现学生的知识误区。

（二）讲故事第一部分引出疑惑

1. 教师讲绘本故事《为什么我是女孩》（P1-P9）。

教师（P6）：西西为什么会有这样的想法？（学生自由发言）你能用你知道的知识告诉西西原因吗？

教师（P8）：就在西西难过的时候，月亮精灵来了。她会对她说什么呢？会与你们说的一样吗？

2. 教师讲故事（P9–P10）。

教学提示：教师可以引导学生更准确地表达："'尾巴'是人的生殖器官，是用来创造生命的。"你对月亮精灵的话有疑问吗？（尽量让孩子说出："尾巴"是人的生殖器官，女孩不长"尾巴"，难道说女孩没有生殖器官吗？应该说"尾巴"是男孩的生殖器官）

3. 教师讲故事（P11–P12）。

提问：西西有点明白了，但是她并不知道女性的生殖器官是什么样的，你们有人能帮她解答吗？（调查学生对女孩外生殖器官的了解程度）

（三）认识女孩的外生殖器官

1. 了解各部分名称。

女性的外生殖器官有大阴唇、小阴唇、阴道口等（阴阜、处女膜、阴蒂、前庭、前庭球、前庭大腺可以不讲），我们把这个部位称为外阴。

阴道口——女孩长大做妈妈生孩子的出口，是我们人类生命通道的出口。阴道口虽然小，可它是有弹性的，所以孩子能够从这里生出来。

大阴唇和小阴唇——保护阴道口和尿道口，防止病菌的侵害。

尿道口——解小便的地方，肛门——解大便的地方，虽然

第七课　女孩的身体

它们不是女性的外生殖器官，但是和它的关系非常密切。

提问：你觉得它们有什么关系？引出养成清洁的习惯。

教学提示：师生交流时，教师要尽量让孩子自己表达对女性的外生殖器官的认识和理解，特别是对女性的外生殖器官作用的认识。

2. 学习保护外生殖器官的方法。

我们了解了它，那应该怎么保护它呢？（学生自由表达自己的想法，可指名回答）

（1）勤洗：每天用温水清洁，准备专用的盆和毛巾，清洁前将手洗干净，先清洗阴道口和尿道口，再清洗肛门。

（2）擦大便的方法：从前往后擦。

（3）不要用手去摸，防止细菌引起阴部疾病。

（4）勤换内衣内裤，内衣内裤不能与衣物和袜子一起洗，还应在太阳下晾干。

（四）讲故事，初步建立"我会长大"的意识，认同自己的性别

1. 教师继续讲绘本《为什么我是女孩》（P13-P14）。

月亮精灵也有话要对大家讲——P13-P14。（强调隐私的保护，男女有别的概念）

2. 教师讲故事（P16-P23）。

通过故事让学生知道随着年龄的增长，女性的身体会发生很大的变化，而这些变化与生殖器官息息相关。乳房画面的出现，会让学生感到诧异。教师可以提出乳房是妈妈养育下一代的重要器官，在母亲的乳汁内含有碳水化合物、蛋白质、脂肪、维生素、矿物质、脂肪酸和牛磺酸等营养物质，是新生儿

初期最主要的营养物质来源。

教师总结：随着年龄的增长，女孩子的身体会发生很大的变化，我们要学会爱护自己的生殖器官，爱护自己，做一个可爱的女孩。

（五）绘画——长大的我

学生通过这两节课的交流，知道了在长大的过程中身体会发生改变。男孩会慢慢变成像爸爸一样的男性，女孩会慢慢变成像妈妈一样的女性。

请学生用一幅画来表现自己"长大以后"与"现在"的不同（画面不限定在身体变化上）。

附录

1. 绘本《为什么我是女孩》，王早早文，朱进编，江西高校出版社2011年版。

2. 绘本《乳房的故事》，〔日〕土屋麻由美编，〔日〕相野谷由起绘，蒲蒲兰译，连环画出版社2012年版。

第八课 我们一样棒

一、活动目标

1. 感知什么是社会性别。
2. 知道家庭、学校、朋友、媒体和社会会影响男女生行为、喜好等。
3. 初步建立男女平等的性别意识，学习悦纳自己的性别。

二、活动准备

教师准备：

1. 观念准备：具备男女性别平等的观念，知道社会刻板印象对社会性别形成的影响。
2. 材料准备：制作与性别平等相关的卡片，一面写容易产生社会性别刻板印象的词（如做家务活、打篮球、肌肉、眼泪、警察、幼儿园教师、飞行员、勇敢、细心、架子鼓等），另一面画出与社会性别相反的性别（如做家务活——男性，飞行员——女性。绘画工作纸格式见附录）。

学生准备：画笔。

三、活动过程

（一）引入：头脑风暴

1. 师生交流：全班共有多少人？有多少男生，多少女生？

2. 通过学生自己的观察，说说男女生有什么不同？教师在"男""女"对应位置板书学生提到的关键词。

3. 提醒学生回顾男女最根本的不同是生殖器官的不同。

（二）猜猜看

1. 出示词语卡片，让学生通过词语猜对应的卡片背面人物的性别。

2. 学生以轮流举手的方式根据这些词语猜性别（认为是男性的请举手，认为是女性的请举手），并说出这么猜的理由。鼓励学生充分表达自己的观点，以及这种观点的来源。

3. 展示词语背后的图片，是与传统观念、刻板印象相对的性别。

（1）教师按卡片依次提问：这些词与这样性别的人联系在一起，你能接受吗？（你能接受女性当飞行员吗？你能接受男生流眼泪吗？）

教学提示：学生可以以举手的方式表态，如果场地允许，也可以以站立的方式表态；如果学生意见有分歧，鼓励学生发表意见和讨论。

（2）教师总结：男女承担的事情、拥有的职业、形成的性格、选择的喜好等并不需要由生理性别来决定，我们也不应该因为他人的性别而限制其选择。

4. 情境判断（见附录），初步建立男女平等的意识。

教师提出情境，学生回答是否同意。

（三）寻找为什么

1. 出示情境（附录），讨论：

（1）对于她的想法，你怎么看？

（2）在你的生活中，有没有出现过像这样的情况：周围的人总爱说"你是男孩，应该怎么样，不应该怎么样。你是女孩，应该怎么样，不应该怎么样"。

（3）你认同他们这样的说法吗？为什么？（教师板书孩子们提到的人）

2. 总结：

从我们出生开始，家庭、学校、朋友、媒体会通过各种方式来告诉我们男孩应该怎么样，女孩应该怎么样，渐渐就形成了现在的"我"。

（四）找找"我"的优点

1. 交流：你喜欢现在的"我"吗？

2. 绘画：画一画现在的我，写下自己的优势。

发给学生印好的工作纸，让学生按自己的性别以及自己是否喜欢自己做好标题填空，然后再画画。

喜欢自己是男孩/女孩的学生，画完后写一写自己的优势；不喜欢的学生写一写理由。

（五）结课

我们在成长中会不断地选择，当你的选择与大多数人不同的时候，并不是你的错。你可以选择勇敢承受别人对自己不同的看法，也可以选择放弃。因为男孩和女孩是一样棒的，希望你喜欢自己是个女孩，你也喜欢自己是个男孩。

附录

（一）情境讨论

我是一个8岁的女孩，我最喜欢玩遥控赛车，每次到玩具店看着这些很酷的小家伙，我就舍不得放下。有时候爸爸妈妈也会给我买，但大多数时候他们会说："女孩子应该喜欢玩洋娃娃、画画呀，怎么你总像个男孩子似的。"——我是不是有些奇怪呢？真希望自己是个男孩，这样爸爸妈妈就不会老说我了。

（二）情境判断

1. 女孩做家务，男孩不做家务。
2. 家庭成员讨论家里的事情，男孩和女孩都参与并发表意见。
3. 即使爸爸妈妈都在外面工作，回到家里，妈妈也应该多做一些家务活。
4. 班里开会讨论秋游去哪里玩，男生和女生都参加讨论。
5. 家里的事情都是爸爸做主，妈妈不发表意见。
6. 地震救灾现场，男记者和女记者都在做报道。
7. 兄妹两人成绩一样优秀。爸爸妈妈让哥哥读高中，将来考大学；让妹妹初中毕业后去打工，给家里挣钱。

以上内容可参考《珍爱生命——小学生性健康教育读本》二年级上册，刘文利主编，北京师范大学出版社2013年版。

（三）绘画工作纸标题

我是一个（男/女）孩，我（勇敢/细心/……），我现在（做家务/打篮球/……）

我想当（警察/飞行员/护士/……）

第九课　传媒与我

一、活动目标

1. 列举不同形式的媒介（例如电视、书籍、报纸、网络等）。

2. 讨论媒介传播中真实或虚假信息的案例。

3. 初步识别媒介传播中与性有关的内容，展示如何找到信任的人进行沟通。

二、活动准备

教师准备：图片（结合课程内容准备，做在PPT上）。

三、活动过程

（一）引入：游戏"执行命令"

1. 教师出示一些词语作为"命令"，学生根据出示的"命令"完成相应的动作，例如握手、哈哈大笑、点头等。

2. 思考：是什么在传达"命令"？

3. 教师总结，怎样区别"媒体（媒介）"和"传媒"。

（二）认识各种媒介

1. 出示图片"媒介树"，引导学生列举自己认识的媒介，例如电视、书籍、报纸等。

2. 通过图片展示相应的媒介，让学生加深认识，再进行列举巩固。

（三）我和传媒的故事

1. 出示图片讲故事，通过故事与学生交流媒介中出现成人亲吻镜头、内衣广告时应该如何认识，告诉学生这些信息就是与性有关的信息，称为性信息。

2. 结合生活，说一说在媒介中遇到性信息，自己会怎么做，或身边的人会怎么做。

3. 小组交流，整理、记录自己见过的与性有关的信息。

哪种媒介	什么信息	你的感觉

4. 小组汇报交流。

（四）寻找正确途径

1. 思考：在这些信息中，你觉得哪些信息是真的？哪些是假的？说说自己的理由。

2. 思考：当我们无法判断信息真假的时候，可以怎么做？教师出示判断题：

（1）向父母询问有关性的问题。

（2）与小伙伴一起讨论有关性的话题。

（3）翻阅大人逛街时带回来的某医院广告。

（4）上网时通过一些小广告进入网站浏览。

（5）与老师在课堂上讨论有关性的话题，或课后咨询。

（6）随意阅读短信、QQ等平台上有关性的内容。

（7）观看科教频道，浏览科普网站或到书店购买正规书籍或杂志。

学生进行判断，并说明自己的理由。鼓励孩子寻找自己信任的人进行沟通。

3. 情境展示询问或沟通的过程。

（五）课堂小结

师生读一读：修炼火眼金睛，辨出真假善恶，不轻信、不模仿，科学谈"性"，健康成长！

第十课 健康小卫士

一、活动目标

1. 能够描述健康,知道健康包括身体健康和心理健康。

2. 能区分健康和不健康的表现,学习让自己保持健康的方法。

二、活动准备

教师准备:

1. 下载《健康歌》MV(教师上网搜索下载)。

2. 预备测试题(见附录),以PPT展示或印制为纸质材料,份数根据学生人数或讨论组数确定。

3. 预备情境故事,以PPT展示或印制成纸质材料(见附录)。

4. 预备生活习惯测试题,以PPT展示(见附录)。

三、活动过程

(一)引入:唱唱《健康歌》

教师导入提问:今天有生病请假的同学吗?

教学提示:根据班级当天病假情况进行简短总结,强调健康的重要性;对本班学生的健康状况进行肯定或提醒。

播放《健康歌》MV,学生跟唱(歌曲时长约三分钟)。

（二）我健康吗？

1. 由歌词引出围绕健康的讨论，互相交流对自己健康状况的自我评价。

2. 请自评为健康的学生举手，进行统计。

3. 请举手表明自己身体健康的学生说说这样评价的理由。

4. 请没有举手的学生说说认为自己不够健康的理由。

教学提示：根据时间，发言学生人数可多可少；如果无人表示自己不健康，教师可以自评为不健康的人，说说自己不够健康的理由。如果有学生对别人的评价有争议，允许发表意见，但不允许用言语攻击对方。

5. 巩固认识：做做题（测试题见附录）。

教学提示：在此环节，可根据教学条件灵活开展活动。可以用PPT逐条展示，学生认为是不健康的表现就以起立、举手等方式表达；也可以做成纸质材料分发给学生当堂完成，当堂核对；还可以根据其他常见病的症状添加检测条目。

（三）他们需要看医生吗？

1. 教师导入语：有几位同学，身体检查没有任何异常，但他们有一些与别人不一样的表现，让他们在学习和生活中受到困扰。大家看看，他们需要看医生吗？

2. 出示情境故事（见附录）。

教学提示：三组故事可以分给六个组讨论，每两组讨论同一个案例；也可以全班一起讨论，讨论几个案例看时间而定。

3. 讨论：故事中的主人公是否健康？他们需要看医生吗？说说想法。

4. 教师总结。

他们身体没检查出疾病，但明显心理不够健康。人的健康不仅指身体健康，也包括心理健康。他们可以看心理医生，或寻求心理咨询师的帮助。

（四）头脑风暴

1. 讨论：我们可以做些什么，让自己保持健康呢？
2. 教师提取关键词板书，并提出自己的建议：

（1）合理营养，平衡膳食，养成良好的饮食习惯。

（2）积极锻炼，增强体质，养成良好的运动习惯。

（3）早睡早起，劳逸结合，养成良好的作息习惯。

3. 判断：这些生活习惯健康吗？

出示一些生活习惯，学生判断是否健康（见附录）。

（五）结课，说说收获

（略）

附录

（一）身体健康测试题

下面哪些是健康的表现，哪些是不健康的表现？在你认为不健康的表现后面的（　）里画"×"，在你认为健康的表现后面的（　）里画"√"。

（1）发烧，流鼻涕。（　）

（2）眼睛明亮，反应敏锐。（　）

（3）肌肤有光泽，有弹性。（　）

（4）走路轻松，有活力。（　）

（5）有蛀牙，而且疼痛。（　）

第十课　健康小卫士

（6）咳嗽，嗓子疼。（　）

（7）头晕头疼，浑身无力。（　）

（8）恶心、呕吐、腹泻。（　）

（9）精力充沛，睡眠良好。（　）

（10）体温超过39℃。（　）

（二）他们需要看医生吗？

1. 小文是二年级男生，一天在小区玩的时候被几个大孩子拦着抢走了身上的零钱，恐吓他不许告诉家长，否则会揍他。第二天上学路上小文看见其中一个大孩子，就非常害怕，跑回家不愿意上学，也不愿意外出。即使父母陪着，出门也是怕得浑身发抖。

2. 小娜是二年级女生，每逢考试就会拉肚子，考试结束就不拉了。去医院看过医生，检查肠胃没问题。

3. 小豆豆的妈妈以前很好，温柔爱笑，常常带小豆豆出去玩。可最近一年，她却经常失眠，白天工作打不起精神，对小豆豆也没有耐心，常常发脾气，甚至动手打她。

（三）这些生活习惯健康吗？

下面哪些生活习惯是有益健康的？在后面的（　）里画"√"。哪些是对健康不利的？在后面的（　）里画"×"。

（1）周末经常跟爸爸妈妈去爬山。（　）

（2）吃饭时不吃蔬菜，只吃肉。（　）

（3）每天晚上看电视到十一点睡觉。（　）

（4）每天吃很多零食，不吃饭。（　）

（5）每天早睡早起，保证十小时的睡眠。（　）

（6）学习一小时后去放松一下。（　）

（7）从来不吃水果。（ ）

（8）不吃早饭。（ ）

（9）课间休息到室外活动。（ ）

（10）每天只喝饮料，不喝白开水。（ ）

以上内容可参考《珍爱生命——小学生性健康教育读本》二年级下册，刘文利主编，北京师范大学出版社2013年版。

三年级
（上学期）

第一课　我是家庭的一员

一、活动目标

1. 能够解释"家庭"和"婚姻"的概念，知道什么是"结婚"和"离婚"。

2. 能够描述家庭成员的家庭角色、权利和责任，并认识"我"的角色、权利和责任。

3. 学会在家庭里扮演自己的角色，享有自己的权利并承担相应的责任，建立"人人都有为家庭分担责任的权利和义务"的意识。

4. 学会用正确的方式向家庭成员表达自己的观点，能够尊重并理解家庭成员的角色转变和婚姻关系的变化。

二、活动准备

教师准备：绘本《朱家故事》（见附录）；下载准备一条与"家"有关的公益广告，或一张全家福照片；"心里话"小卡片。

学生准备：课前调查家庭成员分工，进行图文记录。

三、活动过程

（一）引入：关于家的联想

1. 播放关于"家"的公益广告或展示全家福照片，学生观看。

2. 说一说自己看到了什么，想到了什么。学生自由发言。

（二）认识家庭的变化

1. 点明交流话题——核心家庭，复习核心家庭的概念。

2. 提出"婚姻"的概念，强调承诺和责任。出示结婚和结婚证等照片，请学生说一说对结婚的认识。

3. 讨论：结婚代表着一个新的家庭诞生了，这个家庭是否一直像结婚时那么美好？又会经历一些什么事？

4. 教师讲述离婚是用法律的方式解除婚姻关系，终止夫妻间权利和义务的法律行为，强调学生的家庭结构会发生改变，但这些并不是学生自己的错。

（三）讲讲我的家庭小故事

1. 四人小组内介绍自己的家庭分工图。

2. 分享一个难忘的家庭小故事。

3. 讨论：家人怎么做，才能让家庭更稳固、更温馨呢？

（四）聊绘本、谈角色

1. 目的：利用绘本《朱家故事》，讲述家庭中的角色分工，建立角色和责任方面的性别平等意识。

2. 结合故事设计主要问题，例如："在这一段故事中"朱家的每位家庭成员分别为家做了些什么？现在每个成员分别做什么？你从朱家家庭成员前后的不同角色中明白了什么？

（五）建立情感，学习表达

1. 创设情境：如果有一天你和家人发生了不愉快的事，又或是自己遇到不开心的事情，该怎么办呢？

2. 结合学生的建议，梳理亲人间的沟通方法：认真倾听、诚恳表达、写信沟通、共同协商。

3. 让学生在小卡片上写下想对某位家人说的话,可以是表达感谢、澄清误会等。

附录

(一)绘本出处

绘本《朱家故事》,〔英〕安东尼·布朗著,柯倩华译,河北教育出版社2009年版。

(二)基本概念

1. 结婚,法律上称为婚姻成立,是指配偶双方依照法律规定的条件和程序确立配偶关系的民事法律行为,享有权利并承担由此产生的义务和责任。

2. 离婚,是指夫妻双方通过协议或诉讼的方式解除婚姻关系,终止夫妻间权利和义务的法律行为。按照《中华人民共和国民法典》的规定,夫妻间如感情确已破裂,调解无效,应准予离婚。夫妻"感情确已破裂"是判决离婚的法定条件。解除婚姻关系专指通过法律手续解除夫妻关系。

3. 家庭,是指在婚姻关系、血缘关系或收养关系基础上产生的,亲属之间所构成的社会生活单位。家庭的主要功能有社会化功能(即教育和抚养儿童,使之适应社会)、情感和陪伴功能、核心功能、性规则、经济合作等。

4. 家庭角色,是指人们在家庭中的身份和地位,是在家庭成员的互动过程中形成的。

5. 社会角色,是指与人们的某种社会地位、身份相一致的一整套权利、义务的规范与行为模式。它是人们对具有特定身份的人的行为期望,构成社会群体或组织的基础。

第二课　怎样做朋友

一、活动目标

1. 知道朋友之间的情谊称为友谊，朋友之间的情感称为友情。

2. 明白友谊建立在信任、分享、同情和团结的基础上，残疾和健康状况并不是建立友谊的障碍。

3. 初步建立宽容、接纳和尊重的价值观，学习维护友谊的方法。

二、活动准备

教师准备：绘本《我有友情要出租》（见附录）、歌曲录音《找朋友》。

学生准备：卡片纸、笔。

三、活动过程

（一）引入：歌曲《找朋友》

1. 播放歌曲。

2. 学生根据歌词自由慢走，与遇到的人做相应的动作（歌词中的敬礼和握手），教师观察。

3. 采访活动中找到朋友和没有找到朋友的人，让他们说说心里的感受。

教学提示：教师可结合学生的表达，整理出关键词，例如期待、快乐、失望、宽容等。

（二）讲故事《我有友情要出租》

1. 教师讲故事第一部分，结合故事的发展，提问讨论：

（1）什么是"友情"，什么是"出租"？对于大猩猩出租友情的做法，你有什么想法？

（2）咪咪只出了一元钱，大猩猩为什么还愿意和她一起玩？

（3）你赞同咪咪一直用剪刀赢大猩猩的做法吗？说说理由。

（4）大猩猩终于赢了咪咪，他是怎么做的呢？从他的做法中你感受到了什么？

提示：建立信任、分享快乐、宽容尊重等。

2. 联系自己的经历，讲一讲与朋友建立信任的过程。

3. 教师讲故事第二部分，结合故事的发展，提问讨论：

（1）咪咪和大猩猩的友情成功建立，他们之间还会发生哪些故事呢？

（2）为什么大猩猩每一次都将沙漏放在一边？

（3）大猩猩把背包换成了饼干，他想要告诉咪咪什么呢？

4. 联系自己的经历，讲一讲朋友之间快乐的故事，感受分享、帮助、团结的乐趣。

（三）我想对朋友说

1. 咪咪的布娃娃里塞着一封给大猩猩的信，她会写些什么呢？

（分发卡片纸，学生代入角色以咪咪的身份给大猩猩写

信，写完后分享）

2. 深厚的友情并不会随着朋友的离开而消失，我们可以用哪些方法来维持友谊呢？

3. 教师讲故事最后一段：大猩猩把与咪咪的友情藏在了心里，他又开始出租友情了，这一次是免费出租，你怎么看？

4. 大猩猩能找到新的朋友吗？

（四）结交新朋友

1. 教师出示朋友名片，每出示一张，即按第2步小组交流进行讨论。

朋友一：新学期，班级里转来了一位新同学，他说话有点儿口吃。

朋友二：你和家人去旅游，整个旅行团中只有一个小孩，她是一个外国人。

朋友三：你的好朋友因为一次意外事故失去了行走的能力，他很自卑，不愿意再见到你。

朋友四：换了座位以后，我跟一位才从农村老家转来的女生同桌，这位女生说话乡音很重，跟我们不太一样，不容易听懂，时常有同学模仿她说话取乐。

2. 小组交流：要不要与她交朋友？如果愿意，应该做些什么事来建立或维持你们的友情呢？

教学提示：教师结合学生的分享，提取关键词，如宽容、接纳、尊重、同情等进行板书，便于课堂总结。

（五）结课

学生自由发言说说收获，教师总结。

总结要点：友谊需要我们主动去建立，信任、分享是建立

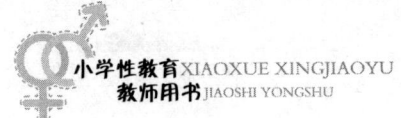

友谊的重要条件。朋友并不会因为一个人的身体状况改变而发生改变,宽容、接纳、尊重、同情等可以帮助我们维持友谊。

附录

绘本《我有友情要出租》,方素珍主编,郝洛玟绘,中国和平出版社2006年出版。

备注:教师可在网络上下载该书的有声绘本。

第三课　敢于拒绝

一、活动目标

1. 学习拒绝的不同方式。

2. 练习拒绝，通过角色扮演拒绝他人。

二、活动准备

教师准备：两组活动指令（写在纸条上备用）：

1. 个人动作指令参考：点点头、眨眨眼、拍拍手、大笑三声、伸出舌头、模仿孙悟空……

2. 二人组互动指令参考：彼此微笑、彼此握手、拍拍对方肩膀、彼此拥抱、捏捏对方的脸……

三、活动过程

（一）引入游戏：我说你做

1. 规则：教师发出一些口头指令，孩子完成指令，如果不愿意，可以摇头表示拒绝执行。

2. 第一组指令：针对学生个人，教师按准备的指令纸条发令。

指令结束后，采访迅速执行指令的学生，采访有拒绝行为的学生，听听他们迅速执行或表达拒绝的理由。

3. 第二组指令：两人一组，按指令行动；如果拒绝执行指

令，需告知对方不愿意执行，或告知对方拒绝配合。

游戏结束后，采访拒绝者，了解拒绝的原因和拒绝的方式。

4. 提醒参与者有两种方式可以主张自己的权利——要求你所想要的，拒绝你所不想要的。

5. 点明在这一次课上主要是练习拒绝的技能。

（二）角色扮演

1. 出示场景：

体育课后，小涵和小青最早回到教室，看着空荡荡的教室，小青一把拉过小涵，悄悄对他说："你去门口把风，我把小轩的文具盒藏起来，他一会儿找不着急得哭，那才叫好看呢。"说完一脸坏笑。小涵说他不想这样做，但是小青央求他，小青说只是开个玩笑，没什么大不了的，还承诺事后给小涵买冰激凌吃。

2. 让学生描述小涵当时可能会有的情绪，把大家的回答写在黑板上。

回答预设：生气、困惑、不安、矛盾、纠结等。同时指出：拒绝参与伤害他人感情的恶作剧是值得坚持的，为朋友强行要求参与感到愤怒也很正常。

3. 教师指出小涵在这种情形下，就像其他人一样有自己的权利：

（1）有权说出他对这种情形的感受。

（2）有权说"不"而不需要觉得不安。

（3）有权去做对自己有利的事，拒绝对自己不利的事。

（4）有权改变他的想法（即使他已经答应去做小青要他

做的）。

（5）尊重他人，不威胁、不惩治或羞辱他人。

4. 小组交流拒绝策略：如果小涵明确知道自己的权利，可以用哪些方式来拒绝对方？把大家的回答写在黑板上，确保包括以下行为：

（1）用身体语言说不：用强烈的身体语言，保持眼神接触，从小青身边退开。

（2）不要给出任何借口或原因，果断干脆地说"不"。

（3）勇敢表达，告诉小青自己被迫做不愿意做的事的感受。

（4）脱离这种境况：拒绝继续讨论这件事，必要时离开。

5. 角色扮演。

教学提示：由学生扮演小涵，教师扮演小青。鼓励其他人为小涵扮演者提供建议，帮助他应对小青施加的压力。教师使用下面的说法对小涵扮演者施加压力：

"拜托，你是我最好的朋友。"

"小轩又不是我们的好朋友，况且也不会伤害他，没关系的。"

"有什么大不了的，你是胆小鬼吗？小军如果在这里的话就会帮我。"

"你不帮我，我以后就不理你了。"

表演结束后，让大家指出小涵使用了环节4中的哪些拒绝方式。

（三）接受什么，拒绝什么

1. 提供父母、教师或其他有权威地位的人对学生提出要求的情境，让学生表态哪些可以接受，哪些可以拒绝。

（1）一边吃零食一边看电视，一会儿茶几上就堆满了垃圾，妈妈让我自己清理。

（2）爸爸要求我把从超市里购买的东西提回家。

（3）老师让我们每天进行半小时的阅读。

（4）作业做到一半，表哥提出要玩一会儿游戏。

（5）补习老师每一次讲完题都说："来，让我拍拍你的小屁股！"

（6）交通引导员要求行人在绿灯时从马路斑马线上走过。

教学提示：当学生对情境做出接受或拒绝的决定时，从学生陈述的理由中去总结原则，让学生懂得有些要求是强制性的，不能拒绝，如被要求遵守交通规则；有些要求可接受也可拒绝，如作业中途陪人玩游戏，如果时间充裕可以同意，如果作业多、时间紧就应当拒绝；有些则没有特殊理由不应该拒绝，如打扫清洁，帮助拿东西回家（除非东西太重超出自己能力）；有些则是无理或过分的要求，必须拒绝（如要求接触隐私部位）。

2. 学生分角色练习需要拒绝的情境，要求应用上述活动里提供的拒绝方式。

（四）课后作业

指导学生搜集更多的生活场景，进行更多的拒绝练习。

练习情境包括同伴制造压力、成人制造压力、与性有关的行为等。

第四课　身体红绿灯

一、活动目标

1. 认识人身体的禁区、警戒区和安全区，并能准确标识出来。

2. 知道人与人之间身体接触因人而异，别人身体的禁区不要碰触；自己身体的禁区要严加保护。

3. 提高对性侵害和性骚扰的防范能力，增强身体不受侵犯的意识。

二、活动准备

教师准备：搜索下载三幅儿童与成人身体接触的图片，按学生人数准备绘制有三组男女生人物的工作纸（模板见附录），头脑风暴用工作纸（见附录）。

学生准备：彩笔。

三、活动过程

（一）引入：游戏"听口令"

1. 同桌学生面对面站立。

要求：教师说什么，每组学生要做出相应的动作，如果谁感到别扭或不想做这个动作，可以停下来（点头、摇头、礼节性的握手、拍肩、摸腰、拥抱……）。

2. 采访：你为什么会停下来？能告诉我原因吗？

3. 总结：看来我们身体的某些部位与人接触让你感觉很正常，而有些部分的接触却让你觉得很不舒服。点明交流的主题——身体红绿灯。

（二）生活中的接触

1. 提供三幅身体接触的图片（可以是成年人与小孩子搂抱、摸头、拧脸蛋、亲脸蛋等，可从网上搜索下载），说说图中出现的哪种身体接触你是可以接受的，哪种你不能接受，为什么？

2. 回忆生活中的接触：头脑风暴，记录在工作纸上。

（1）思考：生活中还有哪些情况下会与别人有身体接触？

教学提示：可以是经历的，也可以是看到的或是想到的，让学生写下来。

（2）思考：与别人接触时，以上的哪种身体接触是好的感觉，在旁边标注笑脸；什么样的接触又让你感到不舒服，在旁边标注哭脸。

3. 小组交流。

（三）认识身体红绿灯

1. 交流：同样是身体接触，为什么感受不一样？

2. 了解身体红灯区、黄灯区、绿灯区：

（1）红灯区是禁区，不允许他人触碰。

（2）黄灯区是警戒区，触碰后可能会带来不舒服的感觉。

（3）绿灯区是安全区，不会感到尴尬或是不舒服。

3. 诊断：在不同的情境和不同的人面前，我们每个人的身体感觉和界限会不会一样呢？咱们来试试。

（四）画一画人体

1. 教师发放印有三组男女生人物图片的工作纸，每人一张。

2. 教师提供三种不同场景中的人物接触情境（见附录），学生依据自己的身体感觉用红、黄、绿三种颜色画出身体的禁区、警戒区、安全区。每种场景用一组人物。

3. 小组内交流自己的涂色情况，看看彼此有什么相同和不同的地方，进一步理解每个人的身体感觉是不同的。

4. 发现红灯区的相似之处——基本包含了男女的身体隐私部位。

教学提示：因为学生处于八岁左右，身体隐私部位的正常触碰可能会发生在医生检查身体、家人照顾看护、自己的身体探索方面，基本不会想到亲密行为这一层面。只要学生能针对情境和接触人进行恰当的判断并说明原因即可。如果学生对自己隐私部位的保护意识不够，教师可以再进一步强调。

（五）主题讨论

如果你身体的禁区被侵犯，你会怎么做？

（六）结课，总结

每个人都有权决定允许谁、以何种方式接触自己身体的哪个部位。所以每个人的黄灯区、绿灯区可能不相同，我们要尊重别人的标准。别人的红灯区，一定不要触碰；自己的红灯区，一定要严加防护。如果有人侵犯，不论他是谁，都要断然拒绝。

附录

（一）头脑风暴用工作纸

（A4纸大小，可根据分组人数多少决定空格的行数）

我经历过的身体接触	我的感觉

（二）三种不同场景中的人物接触情境

场景一：在学校中，与同学在一起玩耍时，你的身体界限是怎样的？

场景二：在家里，与异性家长在一起，你的身体界限是怎样的？

场景三：在医院里检查身体时，你的身体界限是怎样的？（特别提醒儿童一定要在监护人在场的情况下进行身体检查）

（三）印有男女生人物的工作纸示例

（一）　　　　　　　　（二）

（三）

第五课　性话题，这样谈

一、活动目标

1. 初步感知什么是性话题，交流性话题的重要性，打破谈性的禁忌态度。

2. 知道性话题交流有不同方式，包括请教、求助、拒绝、协商等。

3. 理解讨论性话题需要分清时间、场合、对象，需要选择合适的方式。

4. 懂得遵守讨论性话题的原则，如尊重、保密等。

二、活动准备

教师准备：下载视频《如果树知道》，性话题（见附录）工作纸、笔。

学生准备：笔。

三、活动过程

（一）引入游戏：破冰引出"性"话题交流。

1. 说"悄悄话"游戏，要求：

（1）全体学生起立，围成三个圈。

（2）圈里的每个人都要把组长说的那句"悄悄话"说一遍（"悄悄话"已经给到各组组长）。

（3）要求从组长开始说，组长先给最右边的学生说，就这样一个一个挨着说下去。

（4）注意：悄悄话只能说给倾听的那位学生听到，不然会取消游戏资格。最先说完并且没有说错话的那组获胜。游戏结束，请马上坐回座位。

2. 教师：同学们，大家刚刚传递的悄悄话就是老师建议的本次课堂约定。

（1）我会为你保守秘密的！

（2）谢谢你的信任和坦诚。

（3）我会认真倾听，尊重你的看法！

提出我们的课堂约定：认真倾听、学会保密、相互尊重。大家同意吗？

（二）共聊以前的话题

1. 回忆在以前的性教育课堂中，我们聊了哪些话题。

2. 思考：这些话题和什么有关？（与我们的性别、身体、隐私部位、生命及成长发育等有关的话题，我们称为与"性"有关的话题）

3. 结合生活思考：你与别人交流过这类话题吗？对方是如何回应的？（交流中带出人们对"性"话题的传统观念，感受对这一类话题的交流与平常的话题有何不同——隐私；有人羞于启齿，在安全与信任的环境与人面前才愿意谈）

教师总结出学生提到的交流对象、地点和方式，知道"性"话题是什么话题，了解学生是否觉得"性"话题应该交流。

（三）议一议生活中的"性"话题

1. 全班分小组阅读案例（见附录），并结合"交流"提取信息。

2. 全班案例分享，总结有关交流的信息（教师结合学生的回答，总结并板书出交流的对象、场所、形式）。

（1）交流的话题：与"性"有关的话题。

（2）交流的对象：我最信任的人（家人、朋友、老师）。

（3）交流的场所：家里、私密的地方。

（4）交流的形式：面对面交流，书信交流，短信、QQ、微信交流，电话交流。

（四）练一练如何交流成长中常见的"性"话题

1. 教师过渡语：通过这些小故事，我们发现"性"话题可能出现在家里、医院、学校，甚至是很多地方。随着我们不断长大，我们会关注到自己的身体变化，也会关注到别人的身体变化，这时候产生了性的疑惑，又应该怎么进行交流，并达成有效的交流呢？

2. 教师出示情境：学生分组演练。

事件：最近小军十二岁的表姐来家里玩。小军看着两年没见的表姐，觉得她变了——胸部和以前不一样了，有点微微的鼓了起来，他很好奇，这是怎么回事呢？

人物：小军、表姐、妈妈、爸爸（或其他人）。

任务：小军打算向家里人请教，弄清楚自己好奇的问题。

讨论议题：他找谁交流比较好？交流时需要在什么样的环境里？可以采用哪些方式交流？如果遇到拒绝的情况，应该如何处理？

3. 学生在分组演练时要能主动运用在上一个环节学到的交流方法，感受语言表达和书面表达；体会当主动交流遇到拒绝、回避、无效的时候应该如何达成有效的交流（教师根据学生表演总结交流的方法——口头、书面，说明理由、科学表达）。

（五）走进电影，感受有关伤害的"性"话题应该怎么交流

1. 引入：从一个儿童成长为一个成年人，我们会度过青春期，这个时期一开始，我们的身体和心理都会发生很大的变化。同学们或许有疑惑，或许有好奇，或许有担心。在这部电影中，这位叫作小莲的小姑娘，她所遇到的"性"话题又是什么呢？

2. 播放视频《如果树知道》。

3. 对应"交流"来思考，懂得自己交流的目的是解答疑惑和寻求帮助，所以最重要的是自己的坚持。

（1）交流的话题："性"话题（性侵）。

（2）交流的对象：最信任的人（奶奶），最信任的物（大树）（支教老师），主动帮助有效交流。

（3）交流的场所：家里、私密的地方。

（4）交流的形式：面对面交流、书信交流（纸条）。

（5）交流的目的：解决困惑、寻求帮助。

4. 交流：你想对影片中的小女孩说什么？

（六）结课，说说自己的收获

总结：随着我们身体慢慢长大，我们可能还会遇上很多需要交流的"性"话题，不论是困惑、疑问还是烦恼，希望每一位孩子能够记住，这些话题的交流对我们来讲会很重要，在交流时，我们要选择正确的场所（场合）、对象及方式，做到相互尊重。相信，因为有交流，我们的成长将会更加健康、快乐和幸福！

附录：

生活中的"性"话题

（一）我们的身体

小丽神情慌张地把妈妈拉近卧室里，悄悄地说："妈妈，妈妈，我刚刚看见了爸爸洗澡，他的身体和我们不一样，他是不是个怪物啊？"妈妈扑哧一笑，摸着小丽的头说："傻孩子，之所以爸爸的身体和我们不一样，是因为爸爸是男生，而妈妈和你是女生啊，男女生的身体构造是不太一样的……"然后，妈妈陪小丽看了儿童绘本《人体先生和人体太太》，（〔法〕弗朗索瓦兹·德·吉贝尔等著，海豚出版社），小丽明白了男女生身体构造的不同。

思考：

1. 故事中的话题属于"性"话题吗？

2. 小丽选择交流的场所在（　　），交流的对象是（　　），采用的交流方式是（　　）。

3. 你赞同小丽采取的交流做法吗？

（二）奇怪的明明

明明课间和同学玩的时候，不小心被同学的脚踢了下身一下。明明感觉很不舒服，但他羞于启齿，一直忍着，最后终于鼓起勇气，下课后往正要走出教室的王老师手里塞了一张纸条。老师觉得明明好奇怪，有什么不能直接说的。回到办公室打开纸条才发现情况不对，于是王老师立即把明明送去了医院检查。

思考：

1. 故事中的话题属于"性"话题吗？

2. 明明选择交流的场所在（　　），交流的对象是（　　），

采用的交流方式是（　　）。

3. 你赞同明明采取的交流做法吗？

（三）体检

小红在妈妈的陪同下到医院里做全身体检，给小红体检的是一位男医生。虽然有些难为情，但小红觉得有妈妈的陪同，自己很安全。在检查过程中妈妈的手机突然响了，于是妈妈就出去接电话了。医生正要继续检查，谨慎的小红拒绝了医生，她说："对不起，叔叔。我妈妈不在这里，妈妈说过父母不在时不能让陌生人接触我的隐私部位，我可以等我妈妈回来时再让您检查吗？"医生笑着说："好吧！"

思考：

1. 故事中的话题属于"性"话题吗？

2. 小红选择交流的场所在（　　），交流的对象是（　　），采用的交流方式是（　　）。

3. 你赞同小红采取的交流做法吗？

（四）尊重别人的隐私

在第一节的健康课上，老师带着学生认识了自己的身体，大家了解了男孩和女孩的身体是不一样的。一下课，班上的小星和小毅就大声地指着其他男同学和女同学的身体谈论起来，使这些被谈论的同学很生气。这时，同学小欣走过去说："老师说过，这些话题是个人的隐私，你们可以交流，但是不能在公共场所大声谈论别人，这样既是保护自己，也是尊重别人。"

思考：

1. 故事中的话题属于"性"话题吗？

2. 小星和小毅选择交流的场所在（   ），交流的对象是（   ），采用的交流方式是（   ）。

3. 你赞同他们采取的交流做法吗？你觉得故事中谁的做法是正确的？为什么？

（五）网络中的信息

乐乐在玩网络游戏的时候结识了一位新朋友。对方自称是某个小学的学生，和乐乐差不多大，带着乐乐做了很多游戏任务，乐乐觉得自己能遇到这样一个游戏搭档真是太幸运了。随着两个人越来越熟悉，对方开始询问乐乐的家庭住址、学校名称等信息，还要求乐乐发一些拍的可爱的照片。乐乐不太愿意，但是对方说如果不发，以后就不和乐乐一起玩游戏了。

思考：

1. 故事中的话题属于"性"的话题吗？

2. 乐乐选择交流的场所是（   ），交流的对象是（   ），采用的方式是（   ）。

3. 你觉得乐乐会怎么决定？你觉得我们应该怎么看待网络中的这些信息呢？

三年级
（下学期）

第六课　不一样的价值观

一、活动目标

1. 能感性地理解价值观的概念，懂得每个人对事物的重视程度并不完全由事物本身的价格或价值来决定。

2. 理解人与人之间对事物的价值判断通常是有差异的，这是因为每个人有着不一样的价值观。

二、活动准备

教师准备：海报纸，面值不等的硬币、纸币（最好均用小面额的钱币，而且面值差异不宜太大），按学生人数准备装有纸条的信封（纸条内容见附录）。

学生准备：胶水。

三、活动过程

（一）引入：选择，认识价值

1. 把5份不同面值的硬币和纸币放在桌子上，给每一件钱币编号。让8～12个学生依次上来选择。在黑板上写下编号。

教师指导语：这里有一些钱币，如果你可以选择其中一件并属于你所有，你将选哪一件？请将你选中的钱币编号告诉我。

教师根据学生的选择在黑板上的编号后面记录选择人次。

2. 教师询问学生的选择理由。从选择人数最多的一组问起，再到选择人数较少的组。

教学提示：学生可能多数会选择面值最大的一件，但也可能有人并不按面值来选择。教师注意不要评判，只是倾听他们的选择理由。

3. 在黑板上写下"价值观"三个字，并总结活动。

总结语参考：在通常情况下，钱币的价值由其面额决定，价值是硬币或纸币所代表的财富。每个人的选择表明了他们对价值的看法观点，简称价值观。钱币的面额是固定不变的，但它们在每个人的心目中的价值并不一定像面额那样稳定，换句话说，因为每个人的价值观不一样，同样的事物在不同的人心中有不同的价值判断。

（二）感知价值观

1. 接上面的活动提问：还有什么东西在你看来是有价值的？

教学提示：如果学生只说出一些物质层面的东西，如汽车、房子等，就引导他们注意到精神层面的无形资产，如时间、好成绩、爱、诚实、友谊、天赋、亲情等。把大家的回答写在黑板上。

2. 请三个学生从这些无形资产中分别选择一个，并解释为什么他们认为那很重要。

3. 教师总结：我们很容易知道货币、房子、汽车这些物品的面值或价格哪个更高，但它们在每个人心中的重要性并不完全依其价格来决定。在面对时间、友谊、亲情等这些无形的事物时，我们对其价值的评估更会因人而异，这是因为每个人的价值观不一样。

（三）在你心中什么最重要

1. 给每个学生一个信封，里面有5张纸条（见附录），每张纸条上写有不同的内容。把这些内容按照你认为最重要到最不重要依次排序，用胶水把纸条从上到下依次贴在海报纸相应的序号后面。

2. 发放信封，活动开始。贴好的学生可以旁观，看看排在第一位的哪一项纸条最多，排在最末一位的哪一项纸条最多。

3. 当大部分人完成后，讨论要点并总结活动。

（1）你前三个最重要的价值选项是什么？

（2）对于最重要和最不重要的价值选项，哪个选择对你来说更容易？为什么？

（3）纸条上写的东西，有没有你以前从来没有考虑过的？是哪一个？

（4）你和同桌的排列有什么不同吗？为什么？

（5）你会一直坚守你的排列不改变吗？

（6）当你发现别人与你有着同样的选择时，你有什么感受？

4. 思考：价值观的形成会受哪些因素的影响？

总结：每个人的价值观会受到同伴、父母及身边人的影响。因为每个人所处环境不同，所受影响不一样，所以常常会持有不一样的价值观。

附录：
纸条信息
与父母很融洽地相处　　完成自己的学习任务
和朋友一起去玩　　　　避免做违反规则的事情
自己一个人打游戏

第七课　处理愤怒的方法

一、活动目标

1. 了解人的基本情绪，体会各种情绪给自己带来的影响。

2. 感受让自己感觉愤怒的情景，懂得愤怒情绪可能带来的消极后果，并能总结出处理愤怒的方法，进行练习。

二、活动准备

教师准备：与快乐、悲伤、愤怒、恐惧有关的表情图片，工作纸。

学生准备：彩笔。

三、活动过程

（一）引入：游戏"水果蹲"

1. 每个组挑选一种水果为自己的组名——苹果、香蕉、梨子、樱桃、杧果、葡萄。每一组确定一个小组长。

2. 规则：教师开头"××蹲，××蹲，××蹲完，××蹲"，被点到的小组下蹲，一边蹲一边由小组长说口令"××蹲，××蹲，××蹲完，××蹲"，依次反复。

3. 游戏完毕，分享参与游戏的心情，引出下一个话题。

（二）认识人类的基本情绪

1. 解释：我们在参与游戏的过程中，心情发生着不同的变化，说明我们会根据外在环境的影响发生不同的情绪变化。

2. 出示快乐、悲伤、愤怒、恐惧的对应表情，请学生说出对应的情绪，点明这些是人类的基本情绪。

3. 联系自己的生活，说说自己在什么情况下出现过这些情绪。

4. 除了这些情绪，你还产生过哪些情绪？（厌恶、惊奇、嫌弃、担心等）

5. 将情绪分为积极的情绪和消极的情绪两类。

（三）画出自己的一周情绪图

1. 要求：请学生把手放在纸上，画出手掌图。

2. 回忆：将之前5天自己的主要情绪变化分别写在5个指头上。如果某天情绪有多种变化，就写最主要的一个。

3. 涂色：用自己认为可以代表相应情绪的颜色涂色，手掌留白。

教学提示：每个学生对自己情绪的理解和认知不同，对同样的情绪，不同学生可能选择不同的颜色来表达，不必限制。

4. 请学生自由交流与消极情绪相关的故事。

5. 请过去5天内产生过愤怒情绪的学生展示他们的作品，说明用来代表愤怒的颜色是什么，为什么选择这个颜色代表愤怒，以及什么事情让自己发怒。

（四）愤怒从何而来

1. 结合学生上一个活动的分享，总结产生愤怒情绪的原因。

教学提示：愤怒常常是因为感受到人为因素造成的挫折感，如感受到被他人的言行伤害了自尊、认为受到了不公正的待遇、事情进展不顺利等。关键原因并不在于发生了什么事件，而在于本人对事件的理解。例如：被同学吐槽自己新理的发型不好看，有人可能认为对方故意贬损自己，因此感到自尊心受伤而愤怒；有人可能认为同学说的是实话，自己也这么认为，所以并不生气。

2. 讨论：愤怒可能导致的消极行为——攻击行为，如伤人、自伤、毁物等。学生可以列举一些群体内发生的事情来印证，理解愤怒情绪会让人做出不理智的行为，给自己和他人带来伤害。

（五）学习处理愤怒的方式

1. 讨论：如果你是那个非常愤怒的人，可以采用哪些方式来处理你的愤怒情绪？学生讨论后发言，教师总结为以下几个方面。

（1）告诉别人你被他们的言行激起的感受。

示范：

你这么说让我觉得你是在嘲笑我，我很生气！

同样犯错，你却只批评我，我觉得很不公平！

思考和评估：

当我这么表达时，别人会做何反应？（可能会向你道歉，也可能为自己辩护，不承认伤害了你）

如果这么做并没得到道歉，那么这么做还有意义吗？（诚实地说出自己的感受，会让自己好受很多，在一定程度上起到了释放情绪的作用）

（2）其他有效方法。

① 给伤害你的人写信，告诉他们你的感受和原因。

② 独自离开，哭喊或大喊大叫，把愤怒宣泄出来。

教学提示：特别关注以伤害自己身体的方式来宣泄愤怒的学生，告诉学生自残的方式是不对的。

③ 和一个善于倾听的朋友交谈。

④ 哼哼歌，想一些开心的事情。

⑤ 听音乐、画画、锻炼身体，直到你不再感到愤怒。

⑥ 寻求大人的帮助和安慰。

2. 教师给出产生愤怒的情境，小组内进行角色扮演，练习处理愤怒的方法。（教师给出的情境可以是群体内常见的冲突现象，见附录）

（六）总结

把愤怒藏在心里而不去说或做任何减缓愤怒的事，是不健康的。因为愤怒并没有因此消失，而是被压制在心里。愤怒可能会随时出现，如果不发泄的话，就会爆发出来立即破坏关系，产生更糟糕的结果。如果你不说或不做任何减缓愤怒的事，那他人可能会认为他们可以继续伤害你的感情。

附录

这种时候，我很生气！

（1）有人给我起了很难听的绰号，还伙同一些人叫着玩！

（2）我告诉好朋友一个秘密，她答应替我保密，但转眼就说出去了！

（3）我父母离婚了，我跟妈妈过。居然有同学说我没有爸爸！

（4）明明是小山拿了人家铅笔，可他却赖在我头上！

（5）同桌没经过我允许，就拿我的水杯喝水！

（6）我和同桌上课说话，可老师只批评我一个人，这不公平！

第八课　成长中的变化

一、活动目标

1. 在原来的基础上，更加深入地了解青春期男女身体将会发生的变化，知道第二性征的表现。

2. 帮助学生用积极的态度看待身体的变化，接纳这些变化以及个体差异。

二、活动准备

教师准备：有关青春期身体变化的图片（见附录）、课堂作业纸（见附录）、绘本《乳房的故事》。

三、活动过程

（一）引入：猜猜看

1. 根据人的成长变化，出示几个阶段的人物剪影图：婴儿、童年、青年、中年、老年。

2. 让学生猜一猜这些剪影属于人的哪些阶段，并说说理由。

（二）交流身体的变化

1. 学生结合自己的观察和成长经历，说一说从婴儿到现在的自己，身体发生了哪些变化（学生自由谈，建立身体会随着成长发生变化的意识即可）。

2. 我们逐渐长大，身体也在发生着变化。我们马上就要

进入人生的又一个重要的时期——青春期。说说你听说的青春期。

3. 教师讲解青春期的基本常识。

教学提示：青春期是一个人从童年向成年过渡的时期。青春期的年龄范围为10～20岁，女孩青春期比男孩来得早，结束也早。青春期的时间跨度：女孩10～18岁，男孩12～20岁（摘自《珍爱生命——小学生性健康教育读本》三年级下册，刘文利主编，北京师范大学出版社2013年版）。

4. 学生小组交流：进入青春期，人的身体又会发生哪些变化呢？

5. 学生汇报交流结果。

（三）认识身体的变化

结合学生交流的内容，介绍青春期的身体变化：

1. 体格生长加速——身高增长加快、体重增长加快，出示男女生身体发育对比图，发现男女生的身体外形的不同变化。

2. 内脏功能逐渐完善——心脏供血充分、肺活量增加、运动能力提高、身体抵抗力增强。

教学提示：鼓励学生参与跑步、打球、做操、游泳等有氧运动，提高心肺功能，加速骨骼和肌肉快速增长；提醒学生营养均衡，合理膳食，保证身体发育所需要的营养，不盲目减肥。

3. 生殖器官的发育迅速——进入青春期，随着性激素的分泌增多，生殖器官迅速发育。生殖器官的特征称为第一性征（图文介绍男女的内外生殖器官）；一些与性发育有关的外部表现也会出现，称为第二性征（结合活动中学生观察到的内容进行解释。女性主要是乳房、阴毛、腋毛等特征,男性主要是阴毛、腋毛、胡须、喉结等特征)。

4. 发放课堂作业纸:请你用直线连接分别属于男孩和女孩的第二性征。

(四)讲述《乳房的故事》

1. 教师借助绘本《乳房的故事》,介绍乳房的主要作用以及它的重要性。

2. 鼓励学生用积极态度对待自己的乳房发育,穿小背心保护隐私,不含胸低头,悦纳自己身体的变化。

(五)帮一帮

教师出示三道情境题,学生思考讨论,给出建议。

(1)咱班有一位同学,个子比较矮,他总是感到自卑,你可以帮他做些什么?用角色扮演的方式帮助这位同学。

(2)咱班有位女同学的乳房发育明显,她觉得很不好意思,不愿意参加体育运动,走路也总是弯着背。用角色扮演的方式帮助这位女同学。

(3)同寝室的男生睡觉前会聊一些隐私的话题,而且有时还会比较阴茎的大小,小磊觉得很尴尬。用角色扮演的方式帮助小磊。

教学提示:教师还可以根据自己班级发生的一些事件,编写类似题目。

总结:鼓励学生用积极健康、自信悦纳的心态来迎接属于自己的青春期。

附录
（一）青春期身体变化的图片
可参考《珍爱生命——小学生性健康教育读本》三年级下册，刘文利主编，北京师范大学出版社2013年版。
（二）课堂作业纸
请你用直线连接，下面哪些属于男孩的第二性征，哪些属于女孩的第二性征（图片可自行下载制作）。

出现喉结

乳房发育

长出阴毛

长出腋毛

长出胡须

（三）青春期男女第二性征
女孩——进入青春期，女孩的乳房开始发育，乳头长大。每个女孩乳房的形状和大小都不尽相同，发育的开始时间也不一样，只要是正常发育就是健康的。阴阜周围的阴毛会在青春期开始生长，每个女孩阴毛的多少以及分布情况也都不一样。另外，在青春期，女孩还会出现皮下脂肪增多、两侧腋下长出腋毛、盆骨增宽、大腿及腰部脂肪增加等变化。

男孩——进入青春期，男孩的阴茎和睾丸快速生长。阴茎的长度和直径都会增长，阴囊的皮肤会变薄、皱起，颜色变深，睾丸离腹部更远一些。阴茎基部开始出现阴毛。每个男孩阴茎的大小都不尽相同，发育开始的时间也不一样，只要是正常发育就是健康的。男孩的阴毛会在青春期开始生长，每个男孩阴毛的多少以及分布情况也都不一样。另外，在青春期，男孩还会出现声调变得低粗、嘴唇周围长出胡须、喉结突出、双侧腋下长出腋毛、双肩宽度增加、肌肉强健、体格宽大等变化。

以上内容可参考《珍爱生命——小学生性健康教育读本》三年级下册，刘文利主编，北京师范大学出版社2013年版。《乳房的故事》，〔日〕土屋麻由美文，〔日〕相野谷由起绘，蒲蒲兰译，连环画出版社2012年版。

第九课 有的疾病会传染

一、活动目标

1. 能够感性理解"疾病"的概念,知道疾病有传染性疾病和非传染性疾病之分。

2. 初步认识免疫系统及其作用。

3. 学习一些传染性疾病的预防知识,为下一课学习艾滋病相关知识打下基础。

二、活动准备

教师准备:与疾病相关的图片、免疫系统视频。

学生准备:疾病调查表(见附录)。

三、活动过程

(一)引入:结合生活聊"疾病"

1. 结合季节或是最近学生群体内发生的疾病现象,展开对疾病的交流。

教师提问:最近班上有人生病吗?是什么病?生病时有什么感觉?

学生举手发言。

2. 了解疾病有传染性疾病和非传染性疾病之分。

教师提问:大家还见到过身边哪些人生病?都是些什么病?

教学提示：教师根据学生回答在黑板上做好记录。

继续提问：上面这些病，哪些是会传染的，哪些不会？

根据学生的回答，教师把传染性疾病用红色粉笔圈出来。

3. 教师总结：

人类会受到各种疾病的困扰，有些疾病不会传染给别人，有些疾病会传染给别人。传染性疾病患者通常需要隔离。为了保护自己不受感染，在可能感染的环境里需要做好防护措施。

（二）流感来了

1. 教师给出情境：某城市开始暴发流感，好多人病倒了。有一个班共40名学生，流感发生时，就有接近一半的人病倒了。

2. 教师提问：流感是传染性疾病吗？在同样可能传染的环境中，哪些人容易生病？

3. 学生讨论，自由回答，教师最后总结。

教学提示：容易生病的包括身体较弱的同学、未采取防护措施的同学、家里有病人的同学等。

（三）认识免疫系统和免疫力

1. 感冒后应该怎么办？学生议一议。

2. 讨论：为什么有些时候我们没有就医、没有吃药打针，感冒也会好转？

教学提示：如果学生能提出免疫力和免疫系统等概念，教师就进行补充讲解；如果学生无人能提出来，就由教师在下一个环节提出并讲解。

3. 认识免疫系统（提出概念，播放视频解说，也可自行下载相关内容视频）。

教学提示：教师需要积累关于免疫系统的知识，知道它是机体执行免疫应答及免疫功能的重要系统，包括免疫器官、免疫细胞和免疫分子。免疫系统具有识别和排除抗原性异物、与机体其他系统相互协调、共同维持机体内环境稳定和生理平衡的功能；免疫系统是防卫病原体入侵最有效的武器，能发现并清除异物、外来病原微生物等引起内环境波动的因素。但是，面对小学生，教师需要用更明白易懂的语言解释免疫系统和免疫力。

参考解释：人体组织有很多系统，分工不同。如呼吸系统负责为身体提供氧气，消化系统负责消化食物并为人体提供营养。免疫系统就是保护身体不受外界病毒或细菌侵害的系统。每个人的免疫系统能力不一样，这种能力叫作免疫力，有的人免疫力强，即使接触了一些感染源也可能不会生病，或病得很轻；而免疫力弱的人就容易生病，病情较重。

4. 结合视频内容，请学生复述免疫系统的工作过程和原理。

（四）预防疾病

1. 讨论：为了让我们身体的免疫系统更有效地工作，免疫力更强，我们需要怎么做？

教师分享：营养均衡、睡眠充足、心情愉快、锻炼身体、接种疫苗等。

2. 课前调查内容的分享：预防传染性疾病的方法，除了前面所说的提高免疫力的方法外，在面对传染性疾病的传染源时，强调学生要做好自我保护，如戴口罩，饭前便后洗手，在流行性感冒流行期间外出回家要换衣服并洗澡，接触病人要有防护意识等。

附录

疾病调查表

疾病名称	是否传染	预防疾病的方法

第十课 认识艾滋病

一、活动目标

1. 知道什么是艾滋病,了解艾滋病的基本知识。

2. 懂得日常生活不会传播艾滋病,知道一些医疗方法能让艾滋病病毒感染者积极地生活。

二、活动准备

教师准备:艾滋病病毒的放大图片、与艾滋病有关的普及性视频(均可通过网络搜索获取)。

三、活动过程

(一)引入:回顾、讨论、猜图片

1. 回顾上节课关于"疾病"的内容,点明有一些疾病是会传染给别人的,你知道有哪些?传染性疾病会通过什么来传播呢?(鼓励学生说出自己了解的传染性疾病,以及相应的一些传播方式)

2. 让学生猜这幅图上画的是什么(学生自由发表猜测结果:海底的珊瑚世界、外星球、病毒……)。

3. 解释:它披着漂亮外衣,却有着巨大的杀伤力,到目前为止,人类仍然无法完全攻克它——艾滋病病毒。你听说过吗?(学生根据自己的经验自由回答)

（二）认识艾滋病

1. 点明这种传染性疾病叫作艾滋病，讲述各自的已知信息。

2. 播放视频《什么是艾滋病》，描述自己听到的信息。

3. 通过以下活动，认识艾滋病病毒攻击人体免疫系统的情形。

（1）请出9个志愿者（根据场地大小增减）。

（2）分配角色：1人代表人体，站在中间；5人代表白细胞，为主人身体提供保护；1人代表流感病毒，1人代表大肠埃布菌（大肠杆菌），1人代表艾滋病病毒，均站在人体外围。

（3）首先，流感病毒进攻，5个白细胞成功阻击，击败流感病毒。

（4）大肠杆菌进攻，同样被击退。

（5）艾滋病病毒进攻，白细胞一碰就纷纷倒下。

（6）白细胞倒下后，流感病毒、大肠杆菌进攻人体，人体倒下。

4. 学生总结，教师解释：人体没有感染艾滋病病毒时，免疫系统可以战胜入侵的流感病毒、细菌和有害微生物。但是当人体感染艾滋病病毒后，免疫系统遭到破坏，流感病毒、细菌和有害微生物等就可以长驱直入，严重时可致人死亡。

（三）了解艾滋病的现状

1. 艾滋病是由艾滋病病毒引起的获得性免疫缺陷综合征，目前既没有疫苗可以预防，也没有药物可以彻底治愈，是死亡率极高的疾病。目前可以靠药物控制病情的发展。

2. 知道艾滋病的传播途径，进行判断：

（1）告诉学生，艾滋病主要通过血液、性行为、母婴三种途径传播。

（2）判断以下哪些行为有可能感染艾滋病病毒：

① 与艾滋病病毒感染者一起吃饭、跳舞。

② 在公共场所打招呼、擦肩而过、握手、拥抱。

③ 捡针头或注射器玩。

④ 公用马桶和浴缸。

⑤ 借助书信等媒介交流。

⑥ 使用艾滋病病毒感染者的牙刷、剃须刀。

⑦ 去街边的小诊所看病。

⑧ 到消毒不严的地方文身、穿耳洞。

⑨ 到消毒不严的诊所补牙、拔牙。

（四）结课，播放预防艾滋病的宣传视频

以上教学内容，教师可直接到网上搜索后下载。

四年级
（上学期）

第一课　风雨同舟我的家

一、活动目标

1. 能够描述不同家庭成员的家庭角色、权利与责任。

2. 懂得家庭突发事件会影响到家庭成员承担角色、享有权利及承担责任的变化。

3. 理解积极的变化与调整能帮助家庭渡过难关；在困难与危机面前，家庭成员有责任互相支持。

二、活动准备

教师准备：按学生人数确定分组数，并按分组数印制准备家庭生命周期图（见附录）和飞飞家的变化表（见附录）。

学生准备：观察了解自己家里各家庭成员所扮演的角色及承担的责任和义务，以及所享有的权利。

三、活动过程

（一）家庭生命周期

1. 给各组发放家庭生命周期图，作为讨论内容的参考和讨论结果的记录。

2. 讲解家庭生命周期，然后用PPT出示讨论要点，并分配讨论任务。

家庭生命周期是以什么事件为划分标准的？

家庭生命周期每个阶段,家庭成员的角色会有哪些变化?

家庭成员角色发生变化之后,所享受的权利、承担的责任和义务会相应有哪些变化?

3. 各组依次分享,鼓励有不同发现的其他组做内容补充。

4. 教师总结要点:

(1)家庭生命周期,是以家庭中人口变化为划分标准的。

(2)结婚之前,双方在自己原生家庭中是女儿、儿子的角色,彼此是男朋友或女朋友的恋人角色;结婚成家后,逐渐叠加了丈夫、妻子、父亲、母亲等角色;孩子成年结婚生子后,叠加公婆、岳父母以及祖父母、外祖父母等角色。

(3)随着角色的叠加,在家庭中的权利、责任也在不断发生变化,每个角色都有其应承担的责任和应尽的义务,也享有一定的权利。比如,婚后小夫妻有权决定什么时候要孩子、家庭收入如何分配和使用。而他们的父母没有权利干预这些决定。他们的父母年迈之后,小夫妻有照顾双方父母的义务。小孩子出生后,夫妻俩有共同抚育孩子的责任。夫妻之间有相互支持、相互照顾的义务。

(二)风雨中家人同舟共济

1. 出示《飞飞的故事》(故事见附录,教师朗读或学生朗读,或提前录制好)。

2. 请学生分组,结合活动(一)学到的知识,讨论以下问题,并将讨论的部分结果填写进飞飞家的变化表工作纸中。

(1)飞飞出生以后,飞飞爸爸妈妈的角色与责任发生了哪些变化?

(2)飞飞诊断结果出来后,家庭结构因为外公外婆的到来发生了什么变化？爸爸妈妈的角色、责任与义务发生了哪些变化？

（3）如果有一天，飞飞的外公外婆因病或年迈而不能照顾飞飞，甚至还需要人照顾，那么，飞飞父母将面临什么样的责任与义务的变化？

（4）飞飞经过康复训练，如果状况得到很大改善，生活基本可以自理，有条件接受教育，那么飞飞应该承担什么责任与义务？

3. 教师总结：当家庭遭遇困难或危机时家庭成员之间的分工会发生改变，家庭结构、角色责任也可能会发生改变。家庭成员有责任共同面对，积极调整，相互支持。

（三）我的权利和义务

1. 思考：作为家庭中的一员，你曾享受过的权利和承担过的义务有哪些？我们还能为家庭做些什么？

2. 自由交流与分享。

3. 布置家庭作业：回家后与父母分享你打算承担的家庭义务，并请父母支持与监督。

附录

（一）家庭生命周期图

家庭生命周期图

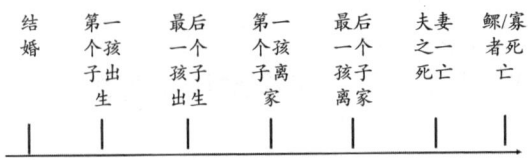

（二）飞飞的故事

飞飞的爸爸妈妈很恩爱，为了家庭，爸爸妈妈也很努力地工作。飞飞出生后，爸爸上班赚钱，妈妈辞职在家照顾飞飞，打算一直到飞飞上幼儿园以后再重返职场。周末在家时，爸爸妈妈会一起做家务，妈妈做饭，爸爸洗碗；妈妈洗衣服，爸爸晾衣服；妈妈喜欢看电视，爸爸就陪着妈妈。妈妈给飞飞洗澡，爸爸就在旁边帮忙递衣服添水。一家人其乐融融。

可是，别人家小朋友一岁多就能走，飞飞一岁半甚至还站不稳。经医院检查，是飞飞出生时发生了意外，脑部缺氧造成了不可逆的损伤，诊断为脑瘫。这个结果让飞飞的爸爸妈妈非常难以接受，有一段时间妈妈几乎天天以泪洗面，爸爸也非常难过和沮丧。

最终，飞飞的爸爸妈妈接受了现实，决心克服困难将飞飞抚养长大。根据医生的建议，飞飞每周需要到医院接受康复训练，家庭因此增加了经济压力。为了增加家庭收入，飞飞妈妈打算重回职场；原本退休在老家颐养天年的外公外婆，主动要求搬过来住帮助照顾飞飞，让飞飞的爸爸妈妈放心工作。

（三）飞飞家的变化表

家庭成员	飞飞出生前		飞飞出生后		飞飞诊断后	
	权利	责任和义务	权利	责任和义务	权利	责任和义务
爸爸妈妈						
外公外婆						
飞飞						

第二课　关系知多少

一、活动目标

1. 了解自己在家庭与学校中存在的各种人际关系。

2. 理解健康的人际关系是以爱作为感情基础，以平等和尊重为相处原则的关系；理解虐待关系是一种不健康的人际关系。

3. 懂得以不同的方式向所爱的人表达感情。

二、活动准备

教师准备：按学生分组数准备大白纸和马克笔。

三、活动过程

（一）我们的关系网

1. 头脑风暴：我们身边有哪些人？这些人与我们以及他们彼此构成什么关系？（从家庭、学校、其他几方面梳理）

2. 将头脑风暴结果记录在大白纸上（大白纸对折，左边标注人物，右边标注关系）。

3. 小组交流分享展示（大白纸可贴于教室周围墙上或黑板上，教师可根据环境安排）。

4. 将头脑风暴结果写在大白纸上。活动结束后贴在墙上或放在地上交流展示。

5. 活动总结，要点如下：

家庭中的人：父母、爷爷奶奶、外公外婆、兄弟姐妹、其他亲人。

家庭人际关系：母女、母子、父女、父子（统称亲子关系）；爷孙、婆孙（统称祖孙关系）；夫妻；兄弟姐妹；其他亲戚关系。

学校中的人有：同学，老师，学长学姐、学弟学妹，校长，保安等。

学校人际关系：同学关系、朋友关系、师生关系、干群关系等。

我们以各种方式与周围的人发生连接，形成各种关系，彼此产生影响。这些影响有的是积极健康的，充满爱，能互相支持；有些则不是，可能有敌视，造成互相伤害。

（二）为人际关系把脉

1. 出示小故事（见附录六个故事），判断故事中的关系是否健康，健康举绿牌，不健康举红牌，不确定举黄牌。

2. 举牌理由说明，没有不同意见可不做特别说明。尽量先请举牌少数的同学分享意见。

3. 小组讨论分享：诊断为健康关系的共同点有哪些？不健康关系的不同点有哪些？

4. 教师总结，要点如下：

（1）各类关系都可能是健康或是不健康的。

（2）一段健康的关系是以爱为感情基础的，双方交往地位平等，交往中互相尊重，在生活与学习、工作中互相支持与理解。在这样的关系中，人们会感到被爱、被尊重，充满温暖

感,对自己也更有信心。

(3)在一段不健康的关系中,有人会只顾自己的需要,强迫他人满足或服从自己。这样的关系是不平等的,有人在这段关系中会受到不公正的对待,并因此而受到身心的伤害。它会破坏受害者的自尊与自信,让其失去对他人的信任。这样的关系不会让人快乐,而是让人痛苦。

(三)建设健康的人际关系

1. 重温故事四(见附录),为小琴支招:面对"大姐大"的无理要求和威胁,小琴可以怎么做?学生讨论,然后分享。鼓励以角色扮演的方式演示应对方法。

参考:友善而坚定地拒绝,但提出其他帮助对方的建议;以关心爱护的态度对待对方,主动提供帮助等。

2. 哪些行为能促进人际关系的健康发展?哪些行为会破坏人际关系或形成不健康的人际关系?

学生自由回答、补充;教师分别用绿色和红色粉笔简要反映学生的答案,绿色行为是促进关系健康发展的,红色行为则是破坏关系健康发展的。

参考:

绿色行为:关心、提供帮助、赞美、感谢、陪伴、坦诚相待等。

红色行为:嘲笑、骂粗话、欺负人、背后造谣、孤立、撒谎等。

3. 健康的人际关系总是充满爱的。我们可以用哪些方式向他人表达爱呢?

参考:语言表达、行动表达、礼物表达。

（四）结课

要点：爱是一种神奇的力量，能使人变得更美好，也使人们的关系更美好。我们可以通过建设健康的人际关系来创造这种美好；避免在关系中互相伤害，破坏人与人之间的美好关系。

附录

故事一：美佳的爸爸喜欢喝酒，喝醉了就像变了一个人，发脾气打人；美佳的妈妈常常被爸爸在酒后暴打。酒醒之后的爸爸会后悔，但下次喝酒以后又会故态复萌。

关系种类：

是否健康：

说明理由：

故事二：小武爸爸和妈妈结婚十一年了，小武很少看到父母争吵。偶尔争执几句之后，他们总会互相道歉，也很快原谅对方。他们做什么决定都会一起商量，也会听取小武的意见。一家人在一起的时候很温馨。

关系种类：

是否健康：

说明理由：

故事三：贝贝读四年级了，邻居家的大哥哥和贝贝在同一所学校，比贝贝高两个年级。他们经常一起上学，下课一起相约回家。贝贝有什么不懂的问题，这个哥哥都会给他讲解，两个人家里有什么好吃的都会给对方分享。六月之后大哥哥就要小学毕业去一所中学读书了，每当想到这里，贝贝就有些不舍和难过。

关系种类：

是否健康：

说明理由：

故事四：读五年级的小琴新换了一个同桌，这个同桌是年级上的"大姐大"，经常与一些校外的人往来，常常欺负其他同学。这个同桌要求小琴每天必须把数学作业给她抄，威胁说不给就找人收拾她。小琴害怕被报复，只好每天先做数学作业，然后等同桌抄了再交上去。

关系种类：

是否健康：

说明理由：

故事五：读五年级的小梅的爸爸喜欢赌博，欠了许多赌债，妈妈因此负气离家出走，可这并没有让爸爸反省和收敛。爸爸继续嗜赌如命，赌输了回家就打骂小梅，说是她和妈妈克了他，坏了他的手气。

关系种类：

是否健康：

说明理由：

故事六：美琳和佳佳读同一个班，关系特别要好，每当美琳不高兴时，佳佳总能找到办法逗她开心；佳佳有高兴的事儿时，首先想到的就是要和美琳一起分享；她们俩如果谁遇到麻烦，另一个就会凑过来一起商量解决办法。她俩在学校几乎形影不离，同学们开玩笑说她们好得像一个人。

关系种类：

是否健康：

说明理由：

第三课 飘扬的红丝带——了解艾滋病

一、活动目标

1. 让学生掌握艾滋病的基本知识,了解艾滋病的传播途径、传染条件。

2. 掌握预防感染艾滋病的办法。

3. 体会情境中艾滋病病毒感染者的处境,同时初步形成尊重、关爱艾滋病病毒感染者的态度。

二、活动准备

教师准备:组织情境表演课前排练,工作纸,细胞游戏规则(见附录),艾滋病相关基本知识(见附录)。

学生准备:学生代表参与情境表演。

三、活动过程

(一)案例导入,引入主题

1. 教师出示故事:

最近在微信群和手机短信中流行的一个信息:

"最近不要在外面吃饭,尤其是大盘鸡、烧烤和凉拌菜,有2000多名艾滋病病毒感染者在各地将自己的血滴在这些菜中,公安部和国家卫健委已经证实,有一个市区已经有很多人被感染。收到后,马上转发给你关心的人,预防永远胜过治疗，有良心赶快转发。"

看了这则信息，你会选择转发还是无视？为什么？

2. 学生分享：先让学生说说自己了解的艾滋病，然后教师对艾滋病知识进行讲解。

3. 游戏：艾滋病病毒感染机制——细胞游戏（游戏规则见附录一）。

4. 教师总结：感染了艾滋病病毒后身体会出现一系列的反应。它是一种比较可怕的传染性疾病，随着目前的医疗水平的发展，艾滋病已经从一种致死性疾病变为一种可控的慢性病。

（二）了解艾滋病的传播条件、途径及预防

1. 分析艾滋病的传播条件：①一滴体液中的艾滋病病毒的数量足够；②艾滋病病毒要有体液交换；③艾滋病病毒存活且要进入体内。

2. 艾滋病只能通过三个途径传播，你知道是哪三个途径吗？学生自由回答（血液、母婴、性传播）。

参考答案：接受输血及血制品、拔牙手术等要到正规医院，不和他人共用注射器、针头针管等。帮助他人时，避免将血液沾染到身上。保护生殖器官不被人随意触碰，不随便和人发生性行为，正确使用安全套……

3. 教师总结：艾滋病的传播方式只有血液、母婴和性传播三条途径，只要生活中注意，有预防意识，一般情况是不会被传染的。

（三）案例分析，情感升华

1. 案例：S市一家咖啡厅有几个服务员是艾滋病病毒感染者的孩子，受到资助到这里来打工。但因为他们是艾滋病病毒感染者的孩子，被一些当地人要求滚出S市。

2. 小组讨论分享：看到这样的情境，同学们，你是否赞同当地人的态度？请说明理由。

3. 观看相关视频（视频内容是关于艾滋病在日常生活中不容易被传染的）。

4. 讨论：如果这一群人在住在我们的小区，或者就在我们小区的超市、菜市场、商城等地方上班，你会怎样对待他们？（可以用情境表演的方式表演出来）

（四）情感延伸

1. 小组讨论表演分享：生活中，存在着的并不仅仅只有艾滋病病毒感染者，还有其他的相对我们来说特殊的人群，我们应该怎样对待他们呢？

2. 思考：我们身边有需要我们帮助的人，当他们遇到困难时，我们可以怎样做呢？

3. 教师总结：任何人遇到问题时，需要的不只是同情，还有我们的接纳、尊重、支持和关爱。如果可能，我们还可以给予他我们力所能及的帮助。

附录

（一）细胞游戏规则

参与学生要求：1个普通细胞，5个免疫细胞，1个感冒病毒，1个艾滋病病毒。

第一轮：感冒病毒摸到普通细胞就算赢，免疫细胞要帮助普通细胞抵御感冒病毒。

第二轮：加入艾滋病病毒，该病毒一碰免疫细胞，免疫细胞就死了。感冒病毒可以轻易抓住普通细胞。

(二) 艾滋病基本知识补充

1. 什么是艾滋病？

艾滋病的全称为获得性免疫缺陷综合征（AIDS），是一种由逆转录病毒引起的人体免疫防御系统方面的疾病。人体处于正常状态时，体内免疫系统对机体起着良好的"防御"作用，抵抗各种病原体的袭击。但感染艾滋病病毒之后，人体的这种良好防御系统便会受到破坏，防御功能减退。艾滋病病毒感染者主要表现为免疫系统受到严重损伤，机体抵抗力下降，以致诱发严重感染和一些少见的肿瘤。

2. 艾滋病的症状：

长期低热、短期内体重减轻十分之一以上、消瘦、乏力、冒汗、慢性腹泻、慢性咳嗽、全身淋巴结肿大、头晕、头痛、智力减退、反应迟钝等。

3. 艾滋病的传播途径：

（1）性接触传染。由于艾滋病病毒存在于感染者体液中，男女不洁性行为可以导致艾滋病病毒迅速传播。目前，性接触传播已成为最主要的传播途径。

（2）血液传播：共用针头、血制品、输入含艾滋病病毒的血液等。

（3）母婴传播：患有艾滋病或携带有艾滋病病毒的孕妇可通过胎盘将艾滋病病毒直接传染给胎儿，另外还能够在产前、产程中（出生时通过产道）和产后（通过哺乳）感染新生儿（可参见视频《艾滋常识小动画》）。

4. 艾滋病的预防方法：

（1）坚持洁身自爱，不卖淫、不嫖娼，避免婚前、婚外性行为。

（2）严禁吸毒，不与他人共用注射器。

（3）不要擅自输血和使用血制品，要在医生的指导下使用。

（4）不要借用或共用牙刷、剃须刀、刮脸刀等个人用品。

（5）使用安全套是性生活中最有效的预防性病和艾滋病的措施之一。

（6）要避免直接与艾滋病患者的血液、精液、乳汁和尿液接触，切断其传播途径。

（7）艾滋病病毒感染孕妇需要通过母婴阻断技术防止母婴传播。

第四课 尊重不一样的他/她

一、活动目标

1. 能够区分偏见、成见、羞辱、骚扰、排斥和欺凌等现象，能体会遭遇这样对待时的感受，理解当事人所受的伤害，产生共情。

2. 理解尊重他人的重要性，懂得差异不应当成为受到不公正对待的理由。

3. 懂得如何为遭受骚扰和欺凌的人提供力所能及的帮助。

二、活动准备

教师准备：阿华的故事（见附录）、相处情境故事与情境性质（见附录）、头脑风暴和解决问题记录单（见附录）。

学生准备：彩笔。

三、活动过程

（一）导入：头脑风暴

1. 头脑风暴：说说我们每个人可能有哪些差异（不同），并能举例说明。

规则：4～6人一组，2分钟讨论。每组由组长记录，并选出发言人。

2. 学生分组汇报讨论结果，并分享自己的感受。

3. 教师总结：每个人的性格、长相、智力、想法、学业、职业、身份健康状况等有所不同，还可能会因为家庭、生活环境、社会分工等存在更多的差异。

（二）情境分析

1. 教师提问：你怎么看待人与人之间存在差异？

学生自由回答。

2. 教师提问：哪些差异可能成为不受欢迎的理由？分别会遭遇到什么？

学生自由回答。

小结：人与人之间存在差异本是一件平常事，但人们往往会因为一些差异受到群体的不同对待，从观念上会有偏见、成见存在，行为和态度上会有羞辱、骚扰、排斥和欺凌等现象存在。

板书：偏见、成见、羞辱、骚扰、排斥和欺凌

3. PPT出示情境（见附录），分析这些情境中主人公与群体其他人存在的差异是什么，这些情境中的主人公的遭遇是板书中的哪一类。

4. 教师结合情境解释偏见、成见、羞辱、骚扰、排斥和欺凌（见附录）。

5. 体验分享：你身边有类似的事情吗？遭遇这样对待的人会有什么样的感受？如果你是当事人，你会有什么反应？

学生自由讨论，点名分享。

（三）案例分析

1. 出示案例：阿华的故事（PPT展示附录内容，可以找一张与主人公形象相似的配图，以加强直观性和激发真实体验）。

2. 教师提问：阿华因为什么遭遇了不友好的对待？如果阿

华在我们班，你会这么待他吗？为什么？

学生自由回答和分享。

3. 学生讨论：

（1）阿华是否需要改变自己，以求得到集体的认同？

（2）如果你是阿华，你将如何面对这样的环境？

（3）如果你同情阿华，那当别人嘲笑他时，你可以做什么？

教学提示：教师尽量保持非评判态度，让学生能充分表达真实想法，避免因为教师的引导使有的学生隐藏自己的不同观点。但教师可以让学生针对不同观点展开讨论。

4. 教师总结。

任何人都有自己的特点，都与他人存在差异。我们要尊重每个人的个体差异，任何差异都不应当成为产生伤害的理由。我们有喜欢或不喜欢这些差异的自由，但没有因此去伤害他人的权利。每个人都有自己的特点，如果某些特点成为受到伤害的借口，那每个人都有因为差异而被欺负的可能。尊重他人，尊重差异，是做人的基本素养。

附录

（一）头脑风暴记录单

头脑风暴记录单								
小组成员	性别	年龄	喜欢的食物	喜欢的书	崇拜的人	性格		

（二）相处情境故事与情境性质

1. 偏见：现在还有不少人说男孩子应该是强壮的，男孩子比女生聪明。女孩子就是软弱的，长大应该在家煮饭带孩子。

偏见是个人对他人或其他群体所持有的缺乏充分事实依据的认识和态度。

2. 成见：小强犯了一次错后，班上每次有同样的事情发生，同学们总说是他做的。

成见是对人或事物所抱的固定不变的看法。

3. 羞辱：肖梅老家在山区，同学们因此给她取绰号"山梅"。

羞辱是使他人蒙受耻辱。

4. 不宽容：贝贝和王刚因为一件事的意见不合，起了些争执，贝贝意识到问题马上向王刚道歉了，可是王刚得理不饶人，说："道歉有什么用！"还好几天不理贝贝。

不宽容主要表现为：心胸不宽广，没有气量，计较或追究。

5. 骚扰：下课时小美喜欢一个人看书，小柳总是去碰小美，让小美没有办法专心看书。

骚扰是扰乱他人，使之不得安宁。

6. 排斥：然然智力有些低下，同学的妈妈知道后，让自己的孩子不准和然然玩。

排斥主要表现为排斥异己：排挤、清除和自己意见不同或不属于自己集团派系的人。

7. 欺凌：昊昊是班上数一数二的大个子，他常常叫彬彬帮他做事，彬彬不答应，他就叫同学们不准和他玩，还经常和同学们一起骂他"笨蛋"，甚至有时还会打他。

欺凌主要表现为以强力压迫和侮辱、欺负、凌辱他人的行为。

(三) 阿华的故事

阿华是一名六年级的男生,他从一年级就开始学拉丁舞,他的身材和长相都很秀气,平时说话声音也不太大。因此同学们都说他是娘娘腔,甚至有几个同学下课总是嘲笑他,偶尔还动手动脚欺负他。

四年级
（下学期）

第五课　做独特的自己

一、活动目标

1. 了解社会和文化规范是影响性别角色的因素。
2. 了解性别不平等现象存在于家庭、朋友、社区和社会之中。

二、活动准备

教师准备：

（1）材料准备：工作纸、卡片、彩笔。

（2）活动准备：发放调查问卷，指导学生在课外完成调查并进行统计。

学生准备：按教师的指导完成家庭调查，并协助教师统计全班调查结果。

三、活动过程

（一）复习回顾男女之别

1. 出示图片。

图片1：为什么人类有男女之分呢？

图片2：性染色体朋友——爸爸精细胞里的性染色体X和Y，妈妈卵细胞里的性染色体X。

图片3：性别的形成过程——回到生命的诞生，爸爸精子里的性染色体X和妈妈卵子里的性染色体X相结合就是女孩,爸爸精子里的性染色体Y和妈妈卵子里的性染色体X相结合就是男孩。个体在生命诞生的那一刻,就有了男女性别之分。

2. 教师总结:因为性染色体不同,人类就有了生理上的性别差异。

(二)情境创设讨论:男女有别吗?

1. 当有人伤心哭泣时,如果是男孩,别人会怎么劝解?如果是女孩,这种劝解或安慰会有什么不同?为什么会有这样的区别?

学生自由讨论回答。

可能的回答:周围人常说你是男子汉,要坚强,哭起来太丢人了。而对女孩说,乖乖,别哭,哭起来不漂亮;或是说,别人不喜欢爱哭的女孩。

2. 在学校里,当男孩女孩相处时,因为一件小事情而产生了误会,发生争执甚至互不相让的时候,老师的批评或要求会因同学的性别而有差异吗?

学生自由发言,模仿老师的语气进行调解。

可能出现的答案:老师常对男孩说,不要小气,要宽容,不要与女孩计较,好男不和女斗;对女孩说,要文静,讲道理,不要太小气,理解别人,要有淑女形象。

3. 如果一个女孩大大咧咧,像个假小子;或者一个男孩子总是哭哭啼啼、说话很小声,周围的人可能会怎么评价他们?

可能的回答:女汉子、男人婆、假小子、娘娘腔等。

4. 当一个男孩和女孩一样留了长头发,在大街走;一个男孩和女孩在大街上抽烟,人们对他们的评价会有什么区别?

5. 这些评价公平吗？准确吗？

6. 教师总结：人们总是会用自己的观点和态度去评判别人，而这些观念和态度往往也是来自周围的人，并处处反映出不平等的社会性别角色期待，对人既不公平，也并不能准确反映真实情况。

（三）社会性别角色观念的形成

1. 调查员代表汇报对父辈、祖辈社会性别角色观念的调查结果。

以大白纸或PPT的方式呈现父辈和祖辈两组调查结果。

2. 小组讨论：在班级男孩（女孩）眼中什么样的女孩（男孩）是最优秀的？

活动规则：

（1）4~6人一组，轻声讨论，时间4分钟。选出代表发言和张贴词语卡。

（2）各小组用3~5个最有代表性的词语来描述男孩/女孩的性格特点。

（3）男孩特点用红色，女孩特点用蓝色，把词语写在词语卡片上。

（4）把词语卡按颜色分类贴在黑板上，如有重复的词语，请放弃。

教师小结：同学们很认真，用了这么多词语形容你眼中的最优秀的男孩和女孩，这是同学们这一代人对男孩和女孩的优秀品质的观点。

3. 比较祖辈、父辈和我辈对两性优秀品质的期待有什么差异？

通过分析、对比，让学生总结三代人在社会性别角色期待上的变化，哪些是不变的，哪些变化很大。

4. 教师总结：这些社会性别角色期待可能会成为一种社会性别刻板印象，让人不自觉地拿这种标准要求来评价男女。社会性别刻板印象让性别成了人们做决定的重要因素，会因此限制个人的个性，以及未来的职业发展。

（四）应聘模拟现场

1. 指导语：在招聘会现场，有这样一些职位需求，你希望选择什么职业？这些选择跟你的性别有关系吗？你的父母会支持你的选择吗？

职位：警察、公司经理、幼儿园教师、舞蹈教师、职业运动员、护士等。

2. 教师总结：男女除了生理上的差异，并不存在影响职业选择的其他差异，我们不必因为性别不同而放弃个人的理想追求。

3. 播放图片（或PPT）：男护士和女护士、幼儿园男老师与女老师、男宇航员和女宇航员、男警察与女警察。

4. 教师总结：心有多大，世界就有多大。不管是男孩还是女孩，都有权利做最好的自己，性别不应当成为限制个人选择的因素。

附录

教师在课前布置调查任务,并组织全班对调查结果进行整理,做出两份报告,分别是父辈、祖辈眼中最优秀的男性和女性的特点和品质。师生一同整理归纳后形成以下问卷调查表。

两性优秀品质调查表		
	祖辈	父辈
最优秀的女性品质		
最优秀的男性品质		

第六课　我的身体我做主（一）

一、活动目标

1. 知道什么是"非自愿的身体关注和接触"。

2. 能够识别"非自愿的身体关注和接触"，并能坚定而自信地捍卫隐私。

二、活动准备

教师准备：将非自愿的身体关注和接触情境插图做在教学PPT上（内容见附录），按学生人数印发有男女生正面和背面身体的平面图（印在一张A4纸上），课堂阅读资料，工作纸，红绿贴纸。

学生准备：纸、彩笔。

三、活动过程

（一）导入：师生问好

1. 鼓励学生用自己喜欢的方式向教师单独问好。

2. 教师有意识地表达出这些问候方式带来的内心感觉。

（二）认识"可接受的身体关注和接触"和"非自愿的身体关注和接触"

1. 认识"可接受的身体关注和接触"。

（1）教师总结问好的过程，引出"可以接受的身体关注和接触"。

总结提示：在刚才，孩子们通过……向我传递着你们不同的问候，带给我安全、温暖、快乐、舒服的感觉。这些就是我"可以接受的身体关注和接触"。

（2）交流：在你的生活中，什么时候或地方、什么人也给你带来过这种可以接受的身体关注和接触呢？

2. 认识"非自愿的身体关注和接触"。

（1）由图片的故事引出"非自愿的身体关注和接触"。

教师PPT出示图片（见附录），结合人物对话讲故事。

学生交流：小健正在经历的身体关注和接触与我们刚才聊的话题有什么不同？

学生讨论，引出关键词：表叔、眼神、不舒服。他的眼神为什么会给小健带来不舒服的感觉呢？引出眼神的意味或是眼神关注的身体部位等。

（2）分发印有男女生身体正面和背面的平面图纸。

学生用红、黄、绿三种颜色的彩笔画圆点标记出自己（分男女生）不愿意被别人关注到的身体部位。

教学提示：红色代表不愿意被别人关注和接触的身体部位，黄色代表特定时间和特定的人可以关注和接触的部位，绿色代表不介意随时被别人关注和接触的部位。

教师采访男女生各一名，了解标记的情况，总结学生标记的区域。

引出"非自愿的身体关注和接触"的概念：别人对你身体的关注和接触会让你感到不安、不喜欢、不舒服、讨厌等，这样的关注和接触是你不愿意接受的，我们称为"非自愿的身体关注和接触"。

（三）学习示范捍卫隐私和身体的方法

1. 思考：你们觉得小健接下来会怎么做？引出小健的做法。

2. 情境讨论与角色扮演：面对"非自愿的身体关注和接触"，我们应该怎么做？

教学提示：有策略地拒绝，尽快离开当前情境，事后告知父母。可以多用一些时间进行拒绝表达训练。

3. 小组汇报，板书方法的关键词。

教学提示：主动回避，沉着机警，告诉信任的成年人，主动讲出自己的感觉，有策略地拒绝。

4. 总结，明确性关注的概念。

孩子们有没有发现，我们今天谈到的"非自愿的身体关注和接触"并没有提到这些绿色区域，反而是集中在红色区域，而这些区域正是男性、女性身体的隐私部位，它们被关注和接触后，带给我们的内心感受与身体其他部位是完全不同的，我们可以把这种直接与性有关的关注和接触，称为"性关注"，而我们在聊的这些话题，属于"有关性的话题"。

5. 判断"非自愿的身体关注和接触"的行为。

以下哪些情境属于"非自愿的身体关注和接触"？

（1）他一直盯着我的脸看，我觉得很不自在。

（2）每次玩耍时，他们总是故意拉我的裤子。

（3）公交车上，一位叔叔紧贴着我，用手在我的背上摸来摸去。

（4）他总喜欢拿同学关系开玩笑，大家都不喜欢他，但是他却不在乎。

（5）阿姨每次到我家，都会来我房间看看，并拍拍我的肩膀。

（6）我已经长大了，妈妈还总是掀开被子喊我起床，真不舒服。

教学提示：还可参考附录中的情境示例增减课堂内容。

附录

（一）课堂情境图

一年没见，小健又长高了。来，让表叔好好看看。

表叔看我的眼神让我很不舒服，我应该告诉爸爸妈妈。

以上图片摘自《珍爱生命——小学生性健康教育读本》四年级下册，北京师范大学出版社2013年版，第16页。

（二）情境示例

1. 下课玩耍时，这位同学总是有意无意地碰触到我（一位女生）的胸部，我觉得很烦。

2. 游泳池里的一位大哥哥老是故意捏我（男孩）的屁股，让我很不舒服。

3. 我们刚走出校门，一位在校门口见过一两次的叔叔向我们走了过来，夸奖我们漂亮，要主动带我们去玩。

4. 有几次，我抱作业到教师办公室，那位男老师摸我的头，盯着我的身体看，让我觉得很不舒服。

5. 身体发育后，大家爱聚在一起讨论一些成长的话题，但她们每次都喜欢彼此拉领口、撩衣服，我觉得很不舒服。

6. 从小妈妈就给我（男孩）洗澡，现在我长大了，她还是会主动给我洗，我觉得很不好意思，很不舒服，但不知道该怎么办。

第七课 我的身体我做主（二）

一、活动目标

1. 明确在青春期一个人身体方面的隐私变得更加重要。

2. 学习利用科学渠道获取青春期相关知识的方法。

3. 知道与同伴、父母、老师交流有关青春期的问题绝不是丢人的事。

二、活动准备

教师准备：案例、青春期卡片（详细内容见附录）、课堂工作纸、笔。

学生准备：纸、笔。

三、活动过程

（一）导入复习：回顾"非自愿的身体关注和接触"

1. 回顾与"非自愿的身体关注和接触"有关的知识。

2. 思考：随着自己慢慢长大，自己遇到了哪些与性有关的问题？遇到问题，你选择的解决方式是什么？

3. 小组交流，记录，汇报（工作纸见附录）。

（二）如何保护隐私

教师：随着年龄的增长，我们的身体也在不断地发育，有一些美妙，有一些困惑，也有一些麻烦。

听故事：

下课铃刚响，小玲急匆匆地起身离开，同桌小俊发现一个小方块从她的抽屉里滑落下来，仔细一看，是卫生巾。"这是女生的私人物品，妈妈说过女孩月经期需要用到它。"小俊想起从妈妈那儿了解到的知识，迅速帮小玲捡起来，重新塞进了她的抽屉里，再看看四周，没人留意，他长长地嘘了一口气。

1. 讨论小玲和小俊的做法，发表自己的看法。

2. 说说进入青春期，我们应该如何保护好自己的隐私。

3. 在学生交流的过程中，教师以赠送青春期卡片的方式，把保护隐私的方法教给学生，最后请获得卡片的学生读出自己获得的青春期卡片。

教学提示：此环节也可以由教师讲述卡片上故事的方式，提炼交流。

（三）怎么解答困惑

1. 提问：如果我们需要去解答自己的成长困惑，了解有关性的知识，有什么好的途径和方法呢？

2. 学生小组讨论，罗列出想到的途径和方法，分组汇报补充。

教学提示：以下方式若学生未提及，教师可酌情补充。

询问父母，与同伴私密交流，请心理教师解答，到社区青少年健康咨询中心咨询，在科普网站查询等。

（四）结课：送出青春期知识小卡片

1. 谈收获：通过今天的话题交流，你收获了什么呢？

2. 教师总结：我们身体的成长和变化是一个美妙的过程，识别"非自愿的身体关注和接触"，好好保护自己，懂得主动与

同伴、父母以及信任的人交流性发育的话题,让自己更健康、更美丽、更自信。

附录

(一)课堂工作纸

引入课堂工作纸(根据需要增加行数):

与性有关的问题	使用的办法	是否解决

(二)青春期卡片——隐私的保护

1. 重视生理健康,有自己的私密空间,存放私密物品。
2. 保守自己的情感小秘密,委婉地拒绝别人的关心。
3. 性的话题是个人隐私,不主动分享也不主动打听。
4. 个人健康信息是我们的隐私,要学会保护。
5. 对侵犯隐私的行为,要勇敢应对,伸张正义。
6. 学会自己面对青春期的生理变化,是长大的表现。
7. 尊重父母的隐私,父母自然会尊重我们的隐私。

以上内容可参考《珍爱生命——小学生性健康教育读本》四年级上册,刘文利主编,北京师范大学出版社2013年版。

（三）青春期知识小卡片
（以下内容为编者自己制作）

月经是生理上的循环周期，发生于一些具有生育能力的女性人类、黑猩猩与其他人科动物。母牛、母马、母骆驼、母猪、母羊等也会来月经，某些哺乳类动物则经历动情周期。育龄妇女和灵长类雌性动物，每隔一个月左右，子宫内膜发生一次自主增厚、血管增生、腺体生长分泌以及子宫内膜脱落并伴随出血的周期性变化。这种周期性阴道排血或子宫出血现象，称月经。

遗精是在没有性生活时发生射精，常见于青少年男性，一般是正常的生理现象。遗精按照发生时间，分为梦遗和滑精。发生于睡眠做梦过程时叫梦遗，发生在清醒时叫滑精。初次遗精往往是在梦中不随意地排出精液，这表明青春期的男孩已开始产生成熟的精子，是男性成熟的标志。

卫生巾的使用误区：
1. 使用之前不洗手，易感染妇科疾病。
2. 长期放在卫生间，受潮后材料变质，细菌易侵入繁殖。
3. 忽略有效期，超过期限就没有无菌保障。
4. 促销或赠品有可能是商家处理的滞销产品，产品质量很难保证。
5. 追求大吸收量，长时间不更换卫生巾会使局部通风差，导致细菌繁衍，从而诱发各种妇科疾病。
6. 防止过敏，一旦有瘙痒的感觉，应立即停用这种品牌的卫生巾，找出过敏原。

捍卫自己的身体，尊重他人的身体，一起感受成长的美妙过程！

第八课　人人享有权利

一、活动目标

1. 了解国家法律和国际协议中概述的儿童权利。
2. 能够举例说出自己享有的权利。
3. 知道人人都享有人权,形成珍视人权的意识,并且能够形成尊重他人权利的意识。

二、活动准备

教师准备：关于人权的相关资料。

学生准备：分小组查询儿童权利相关的法律并标明出处。

三、活动过程

（一）导入游戏：我说你做

1. 教师给指令,学生以同桌两人为一组执行教师指令。游戏过程中,若感觉不舒服,可用暂停手势表示停止行为,执行的人立马停止。

指令包括：握手、拥抱、摸摸头、摸摸脸、揉肩、捶背、摸背等。

2. 小结：每个人都有和别人游戏、交流的权利,在遇到不舒服时拥有叫停止的权利。这是我们作为一个人拥有的基本的权利：表达权,这是人权中的一小部分。

（二）我们的基本权利

1. 澄清概念，人权的概念。

人权是作为一个人应该享有的权利，它包括了哪些权利呢？

生命权、自由权、尊严权、财产权……

内容可参考《世界人权宣言》。

2. 作为儿童，我们享有的权利有哪些呢？

内容可参看《儿童权利公约》。

3. 小结：儿童作为人类社会的未来，也享有我们应该享有的权利。

（三）我的权利我做主

1. 权利对对碰：教师出示题目，学生作答（题目见附录）。

2. 通过这些题目辨析，反思从出生到现在，我们每个人都享受了哪些权利。

3. 小结：从呱呱坠地开始，我们便开始感受世界、感知美好，也开始享受着各种各样的权利，同时我们的权利也受到一些法律的保护。

（四）我的权利有保障

1. 作为社会的未来力量，我们的权利受到哪些国际法律和国际协议的保护的呢？

2. 小组汇报：关于儿童权利的相关法律与协议中的相关条款。

3. 小结：每个人都享有权利，而这些权利是受到法律保护的，我们要学习法律，了解与我们息息相关的知识，以帮助我们更好地享受自己的权利，同时也能更好地尊重别人的权利。

附录：

权利对对碰题目

1. 小何8岁了，由于家里贫困，父母一直没送他去上学。他没享受到什么权利？

2. 明艳从小体弱多病，父母经常半夜带她去医院看病，在父母的支持下，明艳享受了什么权利？

3. 彬彬虽然才读三年级，爸爸妈妈依然很尊重他的意见，经常会和彬彬一起商量讨论家中的事情。彬彬享受了什么权利？

4. Ben很可爱，周围的邻居也很喜欢他，一个长辈有一次曾触碰过他的隐私部位。他的什么权利被侵犯了？

5. 小寒多才多艺，经常参加学校组织的各种文艺活动。小寒享受了什么权利？

6. 鲁西出生时被发现患有先天性心脏病，被爸爸妈妈遗弃。他的什么权利受到了侵犯？

7. 刚转学到城里的小丽因为说话口音和穿的衣服比较旧被同学嘲笑。小丽的什么权利受到了侵犯？

8. 凯凯因为智力发育相对同龄人有些落后，被学校拒收。凯凯的什么权利受到了侵犯？

9. 青春期的美美有了自己的小秘密，可是爸爸妈妈很担心美美，就偷偷翻看了美美的日记。美美的什么权利被爸爸妈妈侵犯了？

第九课　如果我来做爸妈

一、活动目标
1. 理解婚姻是亲密关系的长期承诺，是受到法律规范保护的性关系。
2. 了解成年人成为父母的多种方式（领养、寄养、辅助生殖技术等），成年人有权利决定自己是否要结婚和为人父母。
3. 懂得进入婚姻以及养育子女意味着要承担责任。

二、活动准备
教师准备：按分组数准备大白纸和马克笔，用于小组讨论。
学生准备：完成课前采访，采访题目见附录。

三、活动过程
（一）家庭的重要日子

1. 头脑风暴：每个家庭总有一些家庭成员都很看重的日子，比如家庭成员的生日。除此之外，你的家里还有哪些重要日子？

学生自由发言，请一位学生在黑板上做记录。

2. 教师提问：在这些家庭看重的日子里，家庭成员通常会用什么方式来庆祝呢？

学生自由回答，教师总结庆祝方式有哪些种类。

3. 教师在黑板上用彩色粉笔将"结婚纪念日"圈出来，请知道自己父母结婚纪念日的学生举手，统计人数。

4. 教师总结：这是一个家庭的重要日子，意味着我们的父母建立了属于自己的小家庭。在此之前，他们曾经分别与外公外婆、爷爷奶奶一起生活，接受父母的照顾。在此之后，他们做了家长，在家庭中生育并负责照顾我们。这在中国文化里，通常称为"成家"。将来的某一天，我们也可能通过婚姻组建一个家庭，并承担相应的家庭责任。

（二）怎样才能当上爸爸妈妈

1. 头脑风暴：有哪些方式可以让人当上爸爸妈妈？

学生自由发言。

小结：生理成熟、心理做好准备、有一定物质基础。

2. 进一步提问：结婚是不是做爸妈的必要条件？

学生自由发言。

3. 教师总结，要点如下：

除了自然生育，还可以通过领养、人工生殖技术等方式成为父母。

结婚并不是成为父母的必要条件，无论是婚生子还是非婚生子，所有孩子在抚养、教育、保护等方面都享有相同的权利和义务。单亲父母会面临更多的困难。

（三）如果我来做爸妈

1. 将全班人数平均分为五组，每组发一张大白纸和一支马克笔。

2. 分别告知各组：现在他们扮演的是父母角色，其孩子的年龄分别是6个月、4岁、9岁、14岁、19岁，分别是在家抚养、就读幼儿园、就读小学、就读中学、就读大学。

3. 各组讨论，父母需要为孩子做哪些事情，负起哪些责任，并在大白纸上写下来。

4. 各组轮流分享；大家评选出"最负责父母"一组，以掌声表彰他们照顾孩子的责任心。

5. 教师总结：作为父母，需要有养育孩子的责任心；作为子女，也要感谢父母的付出。

附录
学生课前采访单

如果我来做爸妈课前采访单	
采访对象：　　　采访日期：　　　采访者：	
采访内容	
父母的结婚纪念日	
自己来到家的日子（生日或领养、寄养等关系成立的日子）	
为了迎接我的到来，你们做了哪些准备	
父母在养育自己的过程中需要做什么？	

第十课　远离毒品　健康成长

一、活动目标

1. 能识别常见毒品，知道其外观特征与伪装形式；认识到毒品对个人身体、心理、家庭及社会造成的严重危害。

2. 学会拒绝毒品的方法，能够在遇到诱惑时坚定地说"不"。

3. 树立坚决抵制毒品的坚定信念，养成健康的生活方式和积极向上的价值观，增强社会责任感，主动参与禁毒宣传。

二、活动准备

教师准备：收集整理毒品知识资料、真实案例、禁毒宣传视频、图片、动画等多媒体素材。制作教学PPT，准备相关道具用于情境模拟，如模拟毒品的"奶茶包""跳跳糖"包装等。收集法律相关条例。

三、活动过程

（一）导入主题

1. 猜谜语：有一种东西，外表像糖果，吃了会生病，家庭会破碎——猜一种危险物品。

2. 播放一段充满趣味的禁毒宣传动画视频，如《小破孩禁毒系列动画》，动画中生动展现毒品的危害以及人们抵制毒品的情节，充分吸引学生的注意力。

3. 教师提问：在视频里你看到了什么内容，有什么感受？说一说对毒品的第一印象。

鼓励学生自由发言，分享自己的想法和疑问，初步引入课程主题。

（二）认识毒品

1. 常见毒品。

出示PPT，逐一展示常见毒品的图片，如鸦片的棕褐色膏状、海洛因的白色粉末、冰毒的透明晶体、摇头丸的彩色片剂、大麻的绿色植物叶子等，同时详细介绍它们的外观特征，包括形状、颜色、质地等。

2. 毒品的伪装。

列举生活中极具迷惑性的毒品伪装，播放PPT展示如"奶茶""跳跳糖""巧克力"等新型毒品的图片，讲解它们与普通食品的相似之处，提醒学生在日常生活中，面对来源不明的食品和饮料，一定要提高警惕，切勿随意食用。

（三）毒品的危害

1. 案例讲解。

讲述多个真实且震撼人心的案例，例如某明星因吸毒，从备受瞩目的公众人物瞬间跌落谷底，不仅事业全面崩塌，还失去了家人和粉丝的信任；还有身边普通家庭，因家庭成员吸毒，导致家庭财产被挥霍一空，亲人之间反目成仇，甚至引发犯罪行为，给家人带来无尽的痛苦。

2. 身心危害。

学生分组讨论，并列举毒品给我们的生活会带来什么影响。

教师总结要点如下：

（1）在身体方面，详细讲解毒品如何损害人体的各个器官功能，如长期吸毒会使心脏功能受损、肝脏代谢紊乱、肺部呼吸功能下降、免疫力急剧降低，导致感染各种疾病。

（2）在心理方面，阐述毒品会使人产生幻觉、妄想，导致情绪抑郁、焦虑，甚至精神失常，丧失正常的认知和判断能力。

（3）在社会层面，吸食毒品和贩卖毒品都是违反国家法律的行为，一旦被发现，将会根据情节依法处罚（相关法律条例见附录）。

（四）拒绝毒品

1. 小组讨论。

组织讨论："假如在放学路上，有陌生人给你一包看起来像'跳跳糖'的东西，还说很好吃，让你尝尝，你会怎么做？"每个小组围绕问题展开热烈讨论，教师巡视各小组，适时给予引导和启发。讨论结束后，每个小组推选代表发言，分享小组讨论的结果和想法。

2. 情境模拟。

创设多个贴近生活的情境，如在朋友聚会时，有人拿出疑似毒品的物品怂恿大家尝试；在学校周边，有陌生人向学生兜售不明物品等。邀请学生上台分别扮演不同角色，真实展现面对毒品诱惑时的场景。

表演结束后，组织全体学生进行讨论和分析，让大家指出模拟场景中应对毒品诱惑的正确和错误之处，进一步强化学生对拒绝毒品技巧的理解和运用。

教师小结

拒绝毒品的实用技巧：首先，态度要坚决，毫不犹豫地说"不"，不能有丝毫犹豫和动摇；其次，不轻易接受陌生人提供的食物、饮料，哪怕是看起来很普通的零食，防止被掺入毒品；再次，遇到危险情况或感觉受到毒品威胁时，要及时向家长、老师或警察求助，不要独自面对；最后，要主动远离可能接触毒品的场所，如酒吧、KTV、某些治安复杂的娱乐场所等。

（五）课堂总结

教师总结：常见毒品的种类和外观特征，毒品对个人、家庭和社会造成的严重危害，以及拒绝毒品的各种有效方法和技巧。

鼓励学生在日常生活中不仅要自己坚决远离毒品，还要积极向家人、朋友和邻居宣传禁毒知识，成为小小禁毒宣传员，和身边的人一起筑牢禁毒防线，共同守护健康、美好的生活，快乐成长。

附录

毒品的相关法律条例

1. 《中华人民共和国禁毒法》

第一条 为了预防和惩治毒品违法犯罪行为，保护公民身心健康，维护社会秩序，制定本法。

第三条 禁毒是全社会的共同责任。国家机关、社会团体、企业事业单位以及其他组织和公民，应当依照本法和有关法律的规定，履行禁毒职责或者义务。

第六十二条　吸食、注射毒品的，依法给予治安管理处罚。吸毒人员主动到公安机关登记或者到有资质的医疗机构接受戒毒治疗的，不予处罚。

2.《中华人民共和国治安管理处罚法》

第七十二条　有下列行为之一的，处十日以上十五日以下拘留，可以并处二千元以下罚款；情节较轻的，处五日以下拘留或者五百元以下罚款：

（一）非法持有鸦片不满二百克、海洛因或者甲基苯丙胺不满十克或者其他少量毒品的；

（二）向他人提供毒品的；

（三）吸食、注射毒品的；

（四）胁迫、欺骗医务人员开具麻醉药品、精神药品的。

3.《中华人民共和国刑法》

第三百四十七条　走私、贩卖、运输、制造毒品，无论数量多少，都应当追究刑事责任，予以刑事处罚。

走私、贩卖、运输、制造毒品，有下列情形之一的，处十五年有期徒刑、无期徒刑或者死刑，并处没收财产：

（一）走私、贩卖、运输、制造鸦片一千克以上、海洛因或者甲基苯丙胺五十克以上或者其他毒品数量大的；

（二）走私、贩卖、运输、制造毒品集团的首要分子；

（三）武装掩护走私、贩卖、运输、制造毒品的；

（四）以暴力抗拒检查、拘留、逮捕，情节严重的；

（五）参与有组织的国际贩毒活动的。

走私、贩卖、运输、制造鸦片二百克以上不满一千克、海洛因或者甲基苯丙胺十克以上不满五十克或者其他毒品数量较大的，处七年以上有期徒刑，并处罚金。

走私、贩卖、运输、制造鸦片不满二百克、海洛因或者甲基苯丙胺不满十克或者其他少量毒品的，处三年以下有期徒刑、拘役或者管制，并处罚金；情节严重的，处三年以上七年以下有期徒刑，并处罚金。

单位犯第二款、第三款、第四款罪的，对单位判处罚金，并对其直接负责的主管人员和其他直接责任人员，依照各该款的规定处罚。

利用、教唆未成年人走私、贩卖、运输、制造毒品，或者向未成年人出售毒品的，从重处罚。

对多次走私、贩卖、运输、制造毒品，未经处理的，毒品数量累计计算。

第三百五十三条 引诱、教唆、欺骗他人吸食、注射毒品的，处三年以下有期徒刑、拘役或者管制，并处罚金；情节严重的，处三年以上七年以下有期徒刑，并处罚金。

强迫他人吸食、注射毒品的，处三年以上十年以下有期徒刑，并处罚金。

引诱、教唆、欺骗或者强迫未成年人吸食、注射毒品的，从重处罚。

五年级
（上学期）

第一课　青春期那些事之身体发育

一、活动目标

1. 能够描述青春期性与生殖系统发育成熟的相关现象。

2. 认识男女生内生殖器官的结构及功能，"月经"和"遗精"的形成及其形成是正常的生理现象。

3. 知道青春期对性发育感兴趣是正常的，并了解获取与青春期发育相关的可靠信息的途径。

二、活动准备

教师准备：青春期相关知识信息，生殖器官作业单、生殖器官图片及相关演示图片。

学生准备：青春期相关知识的查询。

三、活动过程

（一）引入：复习第一性征

1. 教师出示第一幅图：一个可爱的婴儿图片，学生猜性别，说理由。

2. 引出第一性征并小结：两性在生殖器官结构方面的差异是各自生理性别最根本的标志。

3. 回顾已学知识：男女外生殖器官的名称。

（二）青春期的变化

1. 教师出示第二幅图：青春期的男孩女孩图片，学生猜性别，并说明判断依据。

2. 引出青春期相关知识的复习（回顾三年级第八课内容），教师总结出以下几点：

（1）青春期是一个人从稚气未脱的孩子发育成完全成熟的成年人的重要过渡时期。

（2）青春期是人体迅速生长发育的关键时期，也是继婴儿期后，人生第二个生长发育的高峰期，是第二性征出现和发育成熟的时期。青春期会持续8~10年。

（3）青春期到来的年龄：男孩11~13岁，女孩9~11岁。

3. 小组活动：结合自己的观察，列举出男女进入青春期后分别会发生的变化并记录在工作纸上（按男女性别分别列表记录）。

4. 每个组汇报交流：男女生青春期的变化（不与其他组重复汇报）。

（三）认识男女内生殖器官及其作用

1. 教师提问：是什么原因使我们的身体在青春期发生这么大的变化呢？

学生自由回答。

教学提示：个体进入青春期后，其雄激素或雌激素会发生作用，使个体出现第二性征，即发生青春期的变化。这两种激素又与人体的内生殖器官密切相关，引出下面的内容进行学习。

2. 出示女性内生殖器官图片，师生交流相关知识。

（1）教师提问：在你们了解的知识里，女性的内生殖器官有哪些？你们是通过什么渠道了解的？

教学提示：此处教师要多给学生一些时间思考，尽量让学生主动交流。

3. 出示图片，教师讲解：女性的内生殖器官位于下腹部，包括子宫、卵巢、输卵管、阴道、处女膜等。

4. 提问：它们的功能大家了解多少呢？

教学提示：结合学生交流，教师重点介绍子宫、卵巢、输卵管、阴道的功能（见附录）。

5. 了解月经的形成：

（1）教师提问：生殖器官开始发育是青春期突出的特点，那么女孩进入青春期的重要标志是什么呢？（让学生自由表达，答案：月经。可参考附录相关知识）

（2）教师总结：第一次月经叫作初潮。

（3）教师讲解月经的形成：青春期来临，卵巢中的卵子开始成熟，卵子来到输卵管中，等待着它的白马王子——精子的出现。大家仔细观察，看看子宫在这段时间有什么变化。学生自由回答（子宫壁增厚）。它这是在为卵子和精子约会成功而做准备。如果卵子和精子没有约会成功，此时子宫内膜就会坏死而脱落，引起出血，形成月经。

6. 出示男性内生殖器官图片，师生交流相关知识：

（1）教师提问：男性的内生殖器官有哪些？你是通过什么渠道了解的呢？让学生自由表达。

（2）出示图片，教师讲解：男性的内生殖器官位于下腹部，包括睾丸、附睾、输精管、精囊腺、尿道（既有排尿功能，又有排精功能）、前列腺等。

（3）教师提问：它们的功能你们了解多少呢？

教学提示：在学生发言之后教师将以上相关知识补充全面。

7. 了解遗精的过程：

（1）教师导入语：男孩进入青春期的标志是什么呢？（学生自由表达：遗精）

（2）你们知道遗精是怎么产生的吗？（教师提出"水满则溢、精满则遗"的看法）

（四）讨论月经和遗精的意义（见附录）

1. 讨论：月经和遗精的出现意味着什么呢？

2. 教师总结：月经的出现标志着女性身体内的卵子开始成熟，女孩就具备了当妈妈的生理能力；遗精的出现标志着男性身体内的精子开始成熟，男孩就具备了当爸爸的生理能力。卵子和精子的成功结合，意味着一个新生命的诞生。

（五）升华总结

1. 在青春期，我们会遇到各种不同的问题。出示故事（见附录：小何的委屈）。

2. 你怎么看待小何及其爸爸妈妈的做法？

3. 教师总结：生殖器官和我们身体的其他任何器官一样，都属于我们身体的一部分，我们有必要了解其结构和作用。对其好奇也是很正常的，我们要通过正确的途径去寻找答案。

比如：看科普书籍，询问老师、家长、医生或者浏览可靠的科普网页等。

4. 教师在班级内准备一个"问题盒子"，并介绍使用方法,即在班级里放一个"盒子"(起名心语信箱),学生可以将青春期的问题写下来,投进盒子里,教师在课堂上或个别辅导中解决。

附录

(供教师扩展教学内容参考。在讲解中,应提炼和转化成学生能听懂的语言)

(一)女性生殖器官结构及功能

教师可根据教学需要,自行下载相关图片。

女性生殖器官包括内生殖器官和外生殖器官两部分。其中,内生殖器官包括子宫、输卵管、卵巢、阴道等,外生殖器官主要包括阴阜、大阴唇、小阴唇、阴蒂、阴道口、处女膜等。

1. 女性内生殖器官:

(1)输卵管:输卵管是一对喇叭形状的管道,连接在子宫与卵巢之间。输卵管接受卵巢排出的卵细胞并输送至子宫。输卵管是卵子受精的场所。

(2)子宫:子宫与阴道相通,是形成月经、胎儿发育生长的场所。子宫内壁有一层膜叫子宫内膜,对胎儿生长和月经形成有重要作用。

(3)卵巢:卵巢呈卵圆形,位于子宫的两侧,左右各一。进入青春期,卵巢产生、排出卵细胞并分泌雌激素和孕激素。卵巢可分泌雌激素和孕激素。雌激素和孕激素是女性身体中的重要激素。雌激素影响女性生殖器官的成熟、调节月经周期,在孕育胎儿过程中有重要作用。孕激素在促进乳房发育、调节月经周期、为孕育胎儿创造良好的子宫环境等方面发挥着重要作用。

（4）阴道：阴道是女性发生性交行为的器官，是精子进入女性体内和胎儿自然分娩的通道。阴道也是月经血排出的通道。

2. 女性外生殖器官：

（1）大阴唇：大阴唇是一对隆起的皮肤皱襞，互相靠近，对外生殖器官起保护作用。

（2）小阴唇：小阴唇是位于大阴唇内侧的一对皮肤皱襞，对尿道口及阴道口起到封闭、保护作用。

（3）处女膜：处女膜是阴道口周围层较薄的黏膜皱襞。处女膜的外形个体差异较大。多数处女膜的中央有一个呈圆形或新月形的孔，便于月经血和阴道分泌物流出，也有少数孔呈筛状或伞状。

（4）阴阜：阴阜是位于腹部下方的皮肤隆起部位，富含脂肪，进入青春期后，阴阜上会生长出呈倒三角形分布的阴毛。

（5）阴蒂：阴蒂位于两侧小阴唇的顶端下方，对性刺激很敏感。阴蒂由一种叫作"海绵体"的结构构成，在受到性刺激时可以勃起。

（6）尿道口：尿道口位于阴蒂的后下方，具有排出尿液的作用。尿道口也是细菌容易潜伏的场所。

（7）阴道口：阴道口位于尿道口的后下方，是阴道通向体外的出口，也是月经血排出和胎儿自然分娩的出口。

(二) 男性生殖器官结构及功能

男性生殖器官包括内生殖器官和外生殖器官两部分，其中，内生殖器官主要包括睾丸、附睾、输精管、射精管、前列腺、精囊腺、尿道球腺等，外生殖器官包括阴茎和阴囊。教师可根据教学需要，下载相关图片。

1. 男性内生殖器官结构图及功能：

（1）精囊腺：精囊腺位于膀胱的后方，左右各一，大小和外形很像手指。精囊腺分泌的液体是精液的组成部分。

（2）前列腺：前列腺位于膀胱的正下方，上端宽大，下端尖细，形状很像栗子。前列腺分泌的液体是精液的组成部分。

（3）射精管：输精管的末端形成射精管，主要作用是把精液排出体外。

（4）尿道球腺：尿道球腺位于前列腺的下方，是一对豌豆大小的腺体。尿道球腺分泌的液体是精液的组成部分。

（5）输精管：输精管是附睾管的直接延续，主要作用是输送精子。

（6）睾丸：睾丸呈卵圆形，左右各一。进入青春期，睾丸产生精子并分泌雄激素。睾丸产生的精子先储存于附睾内，并在附睾里获得运动能力，发育成熟后进入输精管，精囊、前列腺和尿道球腺分泌的液体等组合成精液，为精子提供营养，并有利于精子的活动。

（7）附睾：附睾是睾丸的延续部分，紧贴于睾丸的上端。精子离开睾丸后即进入附睾，在这里逐渐成熟。

（8）隐睾：在胎儿时期，男性胎儿的睾丸先在母体的盆腔内发育，到了怀孕末期，左右两侧的睾丸会自动从盆腔下降，降入阴囊。但是，有的男性婴儿出生后，会出现某一侧或者两侧的睾丸都没有降入阴囊的现象，称为隐睾。通常情况下，隐睾在男性婴儿出生后一两年内可以自愈。若在儿童期隐睾依然存在，则需要通过手术或激素治疗纠正。

第一课　青春期那些事之身体发育

2. 男性外生殖器官：

（1）阴茎：阴茎从结构上可分为阴茎根、阴茎体和阴茎头（即龟头）三部分。阴茎根将阴茎固定在骨盆腔上，阴茎体由三条平行的海绵体组成。其中，左右各两条阴茎海绵体在阴茎背部，尿道海绵体则位于两条阴茎海绵体的下面，阴茎海绵体的表面由一层松弛的皮肤覆盖，这层皮肤延展至龟头，并包裹住龟头，称为包皮。龟头的尖端有尿道口，是尿液和精液的出口，龟头的底部称为阴茎冠。

（2）阴囊：阴囊位于阴茎后下方，是由皮肤等结构组成的囊袋。阴囊的皮肤颜色较深，中间有一条纵行的阴囊缝，将阴囊分为左右两部分，正好容纳两侧的睾丸、附睾、输精管等。

阴茎体内有丰富的血管，平时当阴茎处于松弛疲软状态时，血液在血管中自由流动，当阴茎勃起时，阴茎血管内的血液流动发生变化，血管舒张，血液容量增加，使阴茎海绵体明显充血而表现为阴茎增粗变硬挺立的现象。在阴茎勃起的过程中，龟头会溢出少许尿道球腺的分泌物，里面含有少量精子。每个男性的阴茎长短、粗细都不同。阴囊在外界温度不同的条件下会发生变化，以调节阴囊内的温度，有利于精子的发育与生存。例如，在身体感到冷时，阴囊皮肤会起皱变得紧缩，将内部的睾丸拉近身体，保持温度；当身体感到热时，阴囊皮肤会舒张，从而使内部的睾丸逐渐离开身体，达到降温的作用。

以上内容可参考《珍爱生命——小学生性健康教育读本》五年级下册，刘文利主编，北京师范大学出版社2013年版。

（三）关于月经和遗精的常识

1. 关于月经。

月经是处于生育期的女性子宫周期性出血的生理现象，女性的初次月经被称为初潮，初潮是女性性发育的里程碑。初潮发生的年龄介于11~17岁，大多数女性的初潮始于12~14岁，平均年龄大约13岁。初潮开始年龄有早有晚，个体差异很大，与遗传因素、经济水平和营养状况密切相关。医学上，如果女性在15岁以后还没有初潮，就需要引起重视了。初潮也意味着卵巢开始排卵了。进入青春期后，卵巢内的一个卵细胞在大脑垂体分泌的促性腺激素作用下发育至完全成熟，这段时间为13~14天，然后完全成熟的卵细胞从卵巢中排出，进入输卵管，此时，子宫内膜也开始逐渐增厚。第15~20天，卵细胞在输卵管内继续向前移动。若此时遇到精子，会在输卵管内结合形成受精卵，同时，子宫内膜继续增厚，血管迅速增加，为受精卵着床提供有利环境。第21~28天，若卵细胞没有形成受精卵，会进入子宫，没有受精卵着床的子宫内膜开始萎缩、脱落，与进入子宫的卵细胞及血管破裂出现的血液一起从阴道流出，开始月经，与此同时，新的卵细胞开始在卵巢中发育。

（1）月经周期：正常的月经具有周期性，出血的第1天是月经周期的开始，相邻两次月经第1天的间隔时间，是一个月经周期，一般是21~35天，平均28天。每次月经出血持续时间称为月经期，一般为2~7天，多数是3~5天。不同的女性，月经周期和月经期的时间可能是不一样的。在月经来的头一两年，月经周期和月经期很不规律，这都是正常的。随着卵巢功能的不断完善，月经周期和月经期会逐渐变得有规律。一个女性形成正常的月经周期，那就意味着如果此时发生性交行为，有精子进入阴道和子宫，就有可能怀孕。

（2）痛经：有些女性在月经期前或月经期出现下腹部疼痛、坠胀、腰酸等症状，并严重影响生活质量，这种现象叫作痛经。痛经的强度依靠自身的感觉，暂时没有客观方法可以测量。痛经的原因有两种：一种是功能性的，即生殖器官没有器质性的病变，这类痛经占绝大多数，属于功能性痛经；另一种情况是生殖器官出现器质性病变而引起的痛经，这种痛经属于非功能性痛经，应及时就医治疗。青春期的功能性痛经，一般在经期第1天的疼痛最剧烈，持续2~3天后就会缓解。这种情况下的痛经还常伴有虚弱、手足冰冷、乏力、恶心、腹泻等症状，严重时还会面色苍白、全身出冷汗，但妇科检查不会有异常的发现。并不是每个女性都会出现痛经，而痛经的程度也各不相同。一般喝温热水、用热水袋敷腹部可以缓解疼痛，但如果痛经严重，影响到日常生活和学习，应该寻求医生的帮助。

2. 关于遗精。

（1）遗精：男性在无性交的情况下发生的精液通过阴茎射出体外的生理现象。人们把第一次遗精叫首次遗精。首次遗精是男性生殖功能开始成熟的重要标志。首次遗精发生的年龄介于12~18岁，大多数发生于14~16岁，约比女性初潮年龄晚2年，平均年龄大约15岁。男性发生首次遗精后，如果此时他的精子进入女性的阴道和子宫，就意味着他有能力使一个已经正常排卵的女性怀孕。

（2）射精：阴茎勃起意味着阴茎变得坚硬挺立。男性在其一生中阴茎都可以勃起，甚至在婴儿时期都可以出现勃起现象。在青春期,勃起会更加频繁。当男性性幻想、做性梦或其身体一些敏感部位被别人触摸或自己抚摸时,就可能出现勃起。有些男性在受到惊吓或面临压力的情况下,也有可能出现阴茎勃起现象。也有人没有任何原因会自发勃起。勃起是射精的必要条件,但勃起并不总是导致或引发最终射精。许多勃起现象会自行消退,阴茎勃起后,如果有足够的性刺激,如自慰,或者与他人发生性交行为,精液会从阴茎的尿道口射出体外,这叫射精。

精液的主要成分是水,仅有少量的蛋白质、糖分和无机盐,精子只占很少部分。当精液在身体里积存到一定数量时,就会通过阴茎排出体外,也就是遗精。每次射出体外的精液是2~6毫升,也就是3亿~6亿个精子。刚射出的精液多为灰白色,也有淡黄色、淡灰色,呈黏稠状。经过一段时间后,精液会变成半透明的液体状态,这个过程叫作液化。

(3)梦遗:许多男孩的遗精发生在睡梦中,人们也把发生在睡梦中的遗精称为梦遗。由于这种现象发生在睡梦里,所以男性无法控制它。梦遗是一种正常的生理现象。对身体没有任何伤害,男孩遗精如同女孩月经一样,都是性发育的里程碑,标志男孩具有了生殖能力,是值得庆贺的事情。

遗精是正常的生理现象,进入青春期,有的男孩会遗精,有的不会,每个人遗精的时间、次数和频率也有所不同,无论是什么情况,都是正常的生理现象。

以上内容可参考《珍爱生命——小学生性健康教育读本》五年级下册,刘文利主编,北京师范大学出版社2013年版。

（四）小何的委屈

小何五年级时，发现自己的生殖器官以及身体其他部位出现了变化，于是他便上网查看相关知识，可是正好他查阅资料时被爸妈妈看见了。妈妈直接呵斥他："你在干什么？不认真学习，看些莫名其妙的东西！"小何很委屈，也不敢告诉妈妈他的想法。爸爸知道后，理智地把小何叫到身边，给他讲解了男孩子的身体变化，并且还买了一本青春期身体变化的书籍送给他。

第二课 青春期那些事之生命密码

一、活动目标

1. 了解月经与生命孕育的关系,知道怀孕的发生过程及原理。

2. 让学生了解怀孕的基本特征以及知道一些基本的避孕手段。

3. 让学生知道孕育生命需要承担责任。

二、活动准备

教师准备:关于怀孕、避孕的基本知识,视频《精卵结合全过程》。

学生准备:课前查询月经周期、怀孕及避孕的相关资料。

三、活动过程

(一)月经周期的计算

1. 女孩子产生卵子和月经是分不开的,而月经是有周期的。请学生汇报月经周期的资料(包含滤泡期、排卵期、黄体期和月经期)。

2. 月经与激素的关系。

3. 月经周期的计算讲解。

4. 教师总结:月经周期因人而异,一般是21~35天,即最少不低于21天，最多不高于35天，平均大约28天。若有异常，需要就医。

（二）生命的孕育

1. 教师提问：卵子和精子是大自然赐予人类孕育下一代的种子，而精子和卵子的成功结合意味着一个新生命的产生。那么，它们如何成功结合，你们还记得吗？

教学提示：精卵约会过程在一年级上期第四课《我从哪里来》有所涉及，接受过系统性教育的学生有可能还记得。若是未接受过性教育的学生，提问方式可适当改变，如："它们如何成功结合，大家了解过吗？"

2. 结合学生回答，教师解释：男性和女性的生殖器官直接接触，男性用阴茎将精子送入女性阴道内，就有可能产生新的生命，而这个过程就是我们所说的"性交"。如果这种行为发生在雌雄动物之间，我们则称为"交配"。发生在植物身上，就叫作"受精"。人类的性交不仅仅是为了繁殖后代，也是相爱的人之间表达爱的一种行为方式，我们因此也将"性交"称为"做爱"（此处可以询问学生，由这个词可以感觉到什么）。合法夫妻之间的性交行为是受法律保护的。

教学提示：此处需要向学生说明，性交行为是个人极为私密的活动，在公开场合讨论会让人觉得尴尬，与关系不是特别亲近的人，一般也不会涉及此话题。要注意尊重别人的隐私，如果确有必要讨论这个话题，要注意对象和场合。

3. 播放视频《精卵结合全过程》（此视频可自行上网搜索并下载），了解孕育过程。

（三）孕育小知识

1. 提问：是不是每一个胎儿都能够健康顺利地来到这个世界上呢？

2. 学生根据自己的生活认识，交流看法。

3. 结合学生认识，介绍自然流产、人工流产、近亲结婚和性禁忌的相关知识（见附录）。

4. 流产会对人的身体和心理造成什么影响？

5. 了解避免怀孕的原理：避免怀孕就是避免精子和卵子结合在一起，比如使用安全套，能阻止精子进入女性身体，达到避免怀孕的目的；安全套还可以避免性病传染，比如艾滋病等。避孕方法还有很多，只要能避免精子和卵子结合，或让受精卵不能在子宫着床，都能达到避孕的目的。

教学提示：此处仅需要让学生初步了解避孕的原理，不需要介绍详细的避孕知识。在六年级的课程里有专门一课谈避孕。

（四）讨论青春期的我们应该怎么做

教师：走进青春期的我们在生理上已经具备了当爸爸或妈妈的条件，避孕措施也不是100%有效，而流产会对我们正在成长的身体带来很大的伤害。随着年龄的增长，我们也会有自己喜欢的对象。我们还需要具备哪些方面的条件，才能确定自己能担任父亲和母亲的角色，使自己不仅拥有健康的下一代，也让自己不受到伤害？（学生讨论，填写表格）

条件	爸爸	妈妈
生理条件	遗精	月经
心理条件	准备好做父亲	准备好做母亲
物质条件	提供养育、教育、生活之需	提供养育、教育、生活之需
社会条件	责任与道德的约束	责任与道德的约束
法律条件	婚姻保障，法定结婚、生育年龄	婚姻保障，法定结婚、生育年龄
……	……	……

（五）总结

生命伟大，生命的创造更是神圣的，也是需要负责任的，在我们无法承担起自己和另一个人一起共同生活的责任时，我们应该要注意自己的行为，尊重他人的身体，保护自己的身体！

附录

（一）关于月经及其周期

从月经的第一天开始，一直到下一次月经来潮的第一天，算一个完整的月经周期。一般情况下，月经周期是以一个月来计算的，但事实上因人而异。月经周期计算应包括从月经来潮到月经干净的时间，有些女性只计算月经干净的时间，这样就可能认为月经周期缩短了。一个月经周期一般为21～35天，平均28天，若有人月初及月末各来潮一次，也是正常的。

月经周期怎么算正常？不同女性，月经周期长短也有所不同，出现提前或错后7～10天，属于正常现象，只要能保持一定的规律性，就不认为是月经不调。

月经周期也叫卵巢周期，分为四个阶段，包括滤泡期、排卵期、黄体期和月经期。

1. 滤泡期：滤泡期是指月经来潮的第一天至排卵日。这段时期受到滤泡刺激素的影响，体内雌激素浓度升高，滤泡逐渐成熟，子宫内膜增厚。

2. 排卵期：排卵期是指卵细胞和周围卵丘颗粒细胞一起被排出的过程。女性的排卵日期一般在下次月经来潮前的14天左右。

3. 黄体期：黄体期是指排卵后到月经来潮的前一天。卵巢受黄体刺激素的影响，分泌黄体素，维持增厚的子宫内膜，以利受精卵着床；若无受精卵着床，子宫内膜便会崩解，月经周期随着月经来潮结束。

4. 月经期：每次月经持续时间称为月经期，一般是2～8天，平均4～6天。一般月经没有特殊的症状，但经期由于盆腔充血以及前列腺素的作用，有些女性会出现下腹及腰骶部下坠不适或因子宫收缩而产生疼痛，并可能出现腹泻等肠胃功能紊乱症状。

（二）流产、近亲结婚与性禁忌

1. 自然流产——妇女怀孕后，由于身体受到疾病、药物、环境等因素的影响，胎儿不能在子宫里继续健康成长，胚胎组织从子宫自行脱落，并经过明道流出体外。

2. 人工流产——医生通过手术将胎儿从子宫分离，并从阴道取出胎儿。

3. 近亲结婚——近亲是指一个家族中血缘关系较近的亲戚。有近亲关系的男女结婚后，他们的后代发生遗传病的概率特别高。因为两个近亲身体内可能带有同一种遗传病的基因，这种基因在他们两个体内以隐性基因的形式存在，而在他们后代中，这种隐性基因就可能组合在一起，呈现出显性基因的性质，后代就会发病。近亲结婚会导致人口素质下降，不利于人类的健康发展。

4. 性禁忌——在文明社会里，性是有禁忌的。直系亲属之间不能有性关系，否则就违背了性的伦理，这是社会道德不允许的。

第三课 青春期那些事之卫生保健

一、活动目标

1. 了解和掌握青春期卫生和保健常识。
2. 能让学生掌握相关的卫生保健、生活用品使用方法。
3. 能用积极的态度面对青春期的一系列身心变化。

二、活动准备

教师准备：卫生保健的视频或图片；按人数准备各类卫生巾，确保每人一片（包含如护垫、一次性卫生裤等多个种类）；准备一两条新内裤。

学生准备：青春期相关知识的查询；空矿泉水瓶，课前接好自来水。

三、活动过程

（一）导入：知识澄清

1. 回顾青春期概念。
2. 简要介绍青春期的发育过程，可参考下表：

年龄（岁）	女孩	男孩
8～9	身高突增开始	—
10～11	乳房发育开始，身高突增高峰，出现阴毛	身高突增开始，睾丸、阴茎开始增长

续表

年龄（岁）	女孩	男孩
12	乳房继续增大	身高突增高峰，出现喉结
13	月经初潮出现，出现腋毛	出现阴毛，睾丸、阴茎继续增大
14	乳房显著增大	变声，出现腋毛
15	脂肪积累增多，丰满，臀部变圆	一般首次遗精，出现胡须
16	月经规则	阴茎、睾丸已达成人大小
17~18	骨骺愈合，停止生长	体毛接近成人水平
19以后	—	骨骺愈合，停止生长

3. 分享要点：青春期是每个人必经的时期，这个时期是10~20岁这个年龄阶段；每个人发育的启动时间都不太一样，有较大的个体差异。

（二）女性青春期的卫生保健

1. 学生分组交流，在工作纸上记录已知的知识（分成日常和月经期两栏写）。

2. 学生分组汇报，不重复，教师勾画出要点。

3. 教师在学生汇报的基础上，补充讲解以下要点中未被提到之处：

（1）日常卫生保健：

选择适当的内衣（见附录）。

每天应用温开水清洗外阴部，清洗时要用专用的盆子和毛巾；最好是就着水龙头直接冲洗。

如厕后，要用干净的卫生纸按照从前往后的方向擦拭阴部，避免将肛门的细菌带入阴道口。

(2)经期卫生保健：

月经期大多无不适，有些人在经前或经期可能有下腹胀痛、腰酸、乳房发胀、情绪不安等。注意少吃生冷、辛辣的食物，多喝热水，保持良好心态和充足睡眠。

月经期间，勤换卫生巾，避免细菌滋生。

最好选用棉质或成分比较天然的卫生巾。

经期洗澡要采用淋浴的方式，也要清洗阴部。

4. 卫生巾使用方法介绍与演示。

(1)了解卫生巾的种类：分发卫生巾，每人一片；互相比较一下分到的卫生巾有何不同。学生先介绍，教师再补充不同种类、面料和形状卫生巾的特点和用途。

(2)演示卫生巾的正确使用方法：请1~2位学生上台演示，将卫生巾固定在内裤上。教师点评，纠正。

(3)理解卫生巾的原理和结构：学生将矿泉水倒少许在卫生巾上，观察卫生巾吸水状况；然后将卫生巾撕开，观察里面的填充物。

教学提示：卫生巾底部是防渗膜，因此不会渗透出来；里面的填充物是能大量吸收水分的材料；要注意卫生巾是不是正规厂家产品，以及是否在保质期内，不使用不合格的产品，以免引起皮疹或感染。

(三) 男性青春期的卫生保健

1. 学生分组交流，在工作纸上记录已知的知识（分成日常和遗精后两栏记录）。

2. 学生分组汇报，不重复，教师勾画出要点。

3. 教师在学生汇报的基础上，补充讲解以下要点中未被提到之处：

（1）日常卫生保健。

要保持每天睡前清洗外阴的良好习惯，清洗时要将包皮翻开清洗。

若翻开包皮有疼痛感，建议及时就医。

男孩子不要穿过紧的牛仔裤，最好穿全棉内裤。

（2）遗精卫生保健。

遗精或者梦遗后，及时换内裤，清洗内裤和床单。

4. 教师总结：卫生保健不仅在青春期需要注意，在日常生活中也需要注意。

（四）案例分析

1. 教师出示案例故事（见附录）：讨论，给他们提一些建议，出现这些情况应该怎么办？

2. 青春期来临，除了卫生保健方面，我们还需要做哪些准备？（可以从营养、运动、交往、心情等方面展开讨论）

3. 教师总结：青春期是每个人都会经历的时期，这个时期也是我们人生成长最重要的时期，可能会出现一些烦恼和麻烦。但是无论何种阶段总是会有各种烦恼，只要我们勇敢地面对，烦恼便可迎刃而解。

附录

（一）青春期少女该如何正确选择文胸？

1. 第一阶段（8~12周岁）。

推荐款式：萌芽期，少女文胸建议选择棉质的小背心、一字围等。

此阶段少女胸部开始发育,乳房和乳头刚刚隆起,乳头周围会特别敏感。少女文胸应当选择质地柔软、使乳房感到温柔舒适、不压迫的款式。此时的少女多因害羞而拒绝穿戴文胸,应正确加以引导,逐渐养成穿戴文胸的良好习惯。

2. 第二阶段(13~15周岁)。

推荐款式:发育期,少女文胸应选择具有一定承托力的皿型文胸。

此阶段少女乳房渐渐隆起,明显突出胸部。选用健康无钢圈、棉质杯型的少女文胸,舒适承托乳房,保护少女的胸部,让乳房自由且健康发育。此时切记不要穿戴勒得过紧或没有承托力的文胸,长此以往容易导致乳头内陷。

3. 第三阶段(16~25周岁)。

推荐款式:定型期,应该选择有着较强承托力的软钢圈式的皿型文胸。

此阶段少女乳房不断发育成半球型,发育渐为放缓。此时应选用舒适并有较强承托力的软钢圈式皿型文胸,不压迫乳腺,可有效预防各种乳腺疾病的发生。此时不应为了追求女性曲线美而选择硬钢圈文胸,这样会造成乳房发育不良,影响今后的身体健康与体态优美。

4. 文胸选择与购买注意事项。

少女文胸要比成人文胸下胸围的尺码偏小一些,考虑到青春期少女还处于发育阶段,以及刚开始穿着文胸还不太习惯,一般选择大一号的,因为稍紧会感觉不适。建议选择与购买稍大一点的尺码,比如:下胸围在65cm左右的,一般选70尺码的;下胸围在70cm左右的,一般选75尺码的;以此类推。

（二）男性包皮环切术

男孩在出生时，阴茎的龟头被一种松弛的、有延伸性的皮肤包裹着，这部分皮肤称为包皮。当阴茎勃起时，龟头露出包皮外。但有的男孩的包皮口狭窄，不能向上翻起露出阴茎头，这种现象叫"包茎"。包茎会引起排尿困难、包皮龟头发炎等，需要去正规医院就诊。有些男孩在很小的时候，医生就通过外科手术把他们包在龟头上的包皮割去，这种外科手术叫包皮环切术。

以上内容摘自《珍爱生命——小学生性健康教育读本》五年级下册，刘文利主编，北京师范大学出版社2013年版。

（三）案例故事

1. 今天星期一，妞妞来月经了，距离上次月经已经半年了。突如其来的"好朋友"让妞妞不知所措。

2. 强强最近每次清洗生殖器官时，总会有疼痛的感觉，而且疼痛感有时还很严重。

3. 美丽从上学期开始，发现自己的胸部开始长出小硬块，她很焦虑，担心自己是不是生病了。

4. 小刚这学期发现自己的手臂和腿上长了好多又粗又长的汗毛，他下课观察过其他同学，都没长。因此一到夏天总会不好意思穿短裤和短袖。他也觉得好难看。

5. 周围的同学都长高了，女孩子们都发育得很好了，可是玲玲身高几乎没怎么变化。老师也总是叮嘱她多吃点，因此她觉得是不是自己身体出现了什么问题，心里很焦虑。

第四课　寻找别样的美

一、活动目标

1. 懂得外貌是由遗传、环境和健康习惯等因素决定的。

2. 能够区分文化作品中的理想形象与真实生活中的外貌形象之间的差异。

3. 知道外貌形象会随着时间推移而产生变化。

4. 理解个人的品德学识等内在素养，能够形成独特的超越外表的魅力。

5. 认同一个人的价值不是由其外貌决定的。

二、活动准备

教师准备：A4纸、感动中国事迹及视频、个人照片、两张近似的风景图片。

学生准备：向父母了解自己婴幼儿时期的长相，以及到现在为止容貌上发生的变化；说出自己喜欢的男女明星以及喜欢的理由。

三、活动过程

（一）导入：我们来找不同

教师出示两张近似的风景图片：看看有哪些不一样。

（二）你我都不同

1. 请看一看自己身边的同学，大家长得都一样吗？这些不同由什么决定的呢？

2. 小组讨论、交流分享。

3. 教师总结：每个人的外貌都是不一样的，外貌是由遗传、环境和健康习惯等因素决定的。自然界没有两片完全相同的树叶，世界上也找不到两个一模一样的人。正是因为每个人不同，我们的世界才显得多姿多彩。

（三）"悄悄变化的容颜"——寻找外在美

1. 悄悄变化的我。

（1）教师出示自己的图片：教师展示自己小学、中学、大学及现在的照片。学生观察，说一说外表有什么变化。

（2）学生互相交流自己幼年时期的长相及变化。

教师总结：人的外貌是会随着时间的推移而发生变化的。

2. 男神女神大聚会。

（1）学生们在黑板上自由写下自己喜欢的男女明星，自由表达喜欢的理由。

（2）提问：我们喜欢他们，仅仅是因为颜值吗？普通人没有这么高的颜值，是不是就与美无缘？

学生自由讨论与发言。

（3）教师总结：这些美丽帅气的明星们从相貌、体态、仪表等方面给我们提供了当前社会评判外表美的标准。他们的美丽会让我们对自己的外表有一个评判，影响到我们对自己外貌的看法和态度。

3. 悄悄变化的女神。

（1）展示一组奥黛丽·赫本颜值巅峰的照片，让学生欣赏并表达感受。

（2）展示一组奥黛丽·赫本晚年做慈善怀抱儿童的照片，问：这样的赫本美吗？让学生发表意见。

（3）用PPT出示奥黛丽·赫本的名言："若要优美的嘴唇，要讲亲切的话；若要可爱的眼睛，要看到别人的好处；若要苗条的身材，把你的食物分给饥饿的人；若要美丽的头发，让小孩子一天抚摸一次你的头发；若要优雅的姿势，走路时要记住行人不止你一个。"

（4）教师总结：靓丽的容颜会逝去，但美好的心灵会让内在的魅力永不消失。

（四）寻找内在美

1. 展示感动中国人物照片，分享他们的事迹。

2. 教师总结：人不是因为美丽而可爱，而是因为可爱而美丽。这些人虽然没有炫目的外表，但他们高尚的品格和情操，由内到外焕发出别样的美。

（五）你我都很美

教师出示活动规则：

1. 给每人一张白纸，每两人组成一组。

2. 用1分钟时间寻找对方身上除了外表之外的优点，写在白纸上，至少3个。

3. 分享：相互说出对方的美好之处（某某，你是最美的，因为你……）。

4. 教师总结：一个人的价值并不是由外貌决定的，每个人的身上都有许多的闪光点,只要你用心去寻找,你会发现一个人真正持久动人的美丽是内在。尊重别人、欣赏别人,这也是内在美的体现。

第五课　五彩缤纷的世界

一、活动目标

1. 知道家庭、社会环境及文化等因素会影响人们对性的理解。

2. 随着时间的推移，人们对性有关的文化、社会观念的看法也会发生改变。

3. 形成对多元化的性表现及表达的尊重、包容的态度。

二、活动准备

教师准备：成人礼相关内容及图片，制作成PPT。

学生准备：彩笔，查询各国成人礼仪式以及古代、近代、现代对性与性别的相关资料。

三、活动过程

（一）成人礼面面观

1. 各地成人礼资料展示。

教师可根据情况补充学生未查询到的内容。

2. 小结：每个国家、每个地区都会因为各自风俗、环境等的不同而形成不同的文化活动。但有些活动也会随着时代的变迁以及人们的认知而发生改变。

(二)观看视频

1. 教师出示故事《小美和妈妈》:大多数孩子从小学四五年级开始就有QQ或微信了。小美正读四年级,她也一样会玩QQ与微信,经常在班级群里聊天。一天,有个同学在班级群里发了一条黄色视频的信息,小美没有多想就打开了这条信息。好巧,这个情景被妈妈看到了。妈妈很着急,问她:"你在看什么?这么小就接触这个,长大怎么得了!"还扇了小美一个耳光。

2. 听了故事后,猜想,小美和妈妈以后会怎么样?

3. 出示故事《小斌和爸爸》:小斌,男,11岁,五年级。小斌最近发现自己的生殖器官以及身体其他部位出现了一些变化。声音也变了,特别是当自己的声音被班上同学嘲笑是怪物时,他很苦恼,不知道该怎么办。小斌上网查询了一些资料,可是这些并不能完全解答他的疑问,甚至一对比,发现自己的情况和网上说的有很多矛盾的地方,自己更不知道该怎么办了。爸爸知道这件事后,把小斌叫到身边,给他讲解了男孩子身体变化的知识,并且告诉小斌很多关于青春期可能遇到的问题,还给他买了一本专门讲解青春期身体变化的书。

小斌遇到了和小美类似的情况,被爸爸发现了,爸爸邀请小斌一起坐下来,并且和小斌进行了一次深入的谈话。猜一猜,小斌和爸爸以后会怎样?

故事叙说:从此,小斌遇到类似的事情,就会和爸爸沟通。

4. 对比两个家庭对待小美和小斌的态度,你有什么样的看法?

5. 总结:不仅时代变迁对我们的观念有所影响,家庭成员对性的态度也会影响我们对性的看法。同时这些态度也将影响

我们采用什么样的方式去解决问题。

（三）多元性别面面观

1. 展示对"性""月经""男人""女人""同性恋""人妖""妓女"等词的资料查询，了解在古代、近代、现代对这些词语所表现的态度和看法。

2. 了解家人对这些词语的看法，结合自己的看法，进行组内分享。

3. 小结：随着时间推移，时代变迁，人们对事物的认识和看法会随之发生改变。

（四）性之态度面面观

1. 小组讨论：你了解了关于成人礼、家庭的性态度以及多元的性别表现以后，心中的想法和感受有哪些？

2. 对于这些现象，你怎么看？组内分享。

3. 总结：随着社会文明的发展，我们发现大到每个国家、民族，小到每个地区、家庭都会有他们自己的文化。面对这些多元的文化、不同的表现，我们能够抱着不评判、尊重、接纳、包容的态度，才能生活得更加和谐和快乐！

附录

关于成人礼

成人礼，又叫成年礼、成丁礼、入世礼、成年仪式、成人仪式、入社式等。成人礼最开始是原始社会和一些经济、文化落后的民族对本民族青年男女成员实行的一种传统仪式。通过这种仪式，表明他（她）们已从少年时代进入成年人的行列，在社会上获得了一定的地位，开始被认为是氏族或部落的正式成员。这种习俗曾毫不例外地在世界各民族的社会历史发展过程中存在过。世界各地的成人礼形形色色，丰富多彩。我国许多民族历史上也有自己的成人礼。

1. 成人礼的类型。

因地域和民族文化的差异，每一个历史阶段的成人礼形式和内容都不尽相同，如成人礼初期都是采取简单易行的绘面和绘身形式，后来考虑到绘面和绘身不易保存，才逐步改为"黔面""纹身""凿齿"以及其他一些更为复杂的形式。这些表现形式不一、内容侧重点各不相同的成人礼，综合起来可以归纳为四种类型：标志型、教导型、考验型、象征型。

通过对成人礼几种类型的分析，可以大体了解成人礼的起因和演变过程。其中出现最早的是标志型成人礼，其次是考验型成人礼，它们主要是为了适应族外婚的需要而产生的。随着人类社会的不断发展进步，又出现了其他以教育为目的的成人礼类型。而且，原始社会的成人礼，不论哪种类型和形式，都毫不例外地充满着宗教色彩，夹杂着宗教性的内容。进入阶级社会后，成人礼成了贵族的专利，对于平民来说，成人礼只意味着负担徭役和赋税。

2. 成年礼仪式的特征。

世界上各民族的成年礼仪，形式多样，异彩纷呈，但仍然存在着若干共同特征。

成人礼仪式的最重要目的，应当是让个体成为"完全的"人，使之能够执行部族的正式成员的一切职能，成为一个真正的"大人"。这实质上相当于当事人又一次获得"重生"。

五年级
（下学期）

第六课　有爱也会爱

一、活动目标

1. 帮助学生认识到一段美好关系是由爱作为纽带维系的，并且了解关系和爱有多种形式。

2. 懂得在一段美好的关系中，感受爱和表达爱能让自己和对方都产生美好的感受，更加自尊自信。

3. 训练交往技能，学会得体地表达爱与赞美。

二、活动准备

教师准备：制作关于爱与赞美的PPT与小纸条、大白纸、马克笔。

学生准备：课前了解爱与赞美的各种表现。

三、活动过程

（一）导入活动：有爱伴我成长

1. 教师导入语：我们的生活中有许多爱我们的人，他们爱我们的方式各有不同，但都包含有感情，那就是爱。我们来看看，生活中有哪些人爱着我们？他们喜欢用哪方式来爱我们呢？

2. 学生自由回答。教师根据学生的回答板书，将列举出来的爱自己的人写在左边，爱的方式写在右边。

教学提示：可能的答案有各种家人，如父母、祖父母，亲戚，还有同学、老师、好朋友等，也可能有孩子提到家里的宠物狗。

3. 教师总结：我们所列出的爱着我们的人，和我们的关系不同，所怀着的爱也是不同的，这份情感可能是亲情、友情、师长对我们的爱护之情其中的一种。

教学提示：教师要引导学生对列举出来的人进行归类，再引申到不同的人跟我们的关系不一样，感情类型有别，但核心是一样的，都是充满了爱。而他们表达爱的方式也是多种多样的，但爱作为表达的内容是不变的。

（二）被爱的感觉

1. 教师导入并提问：我们享受了很多人对我们的爱，当我们得到并感受到这些爱的时候，这种感受会给人带来一些影响。大家相互分享一下最爱你的人是如何爱你的，这种爱对你产生了什么样的影响。

2. 学生自由讨论和分享三分钟。

3. 请几位学生在全班分享。分享要求：分享语言要简练，可以用四部分概括（也可用PPT展示）。

（1）最爱我的人是……

（2）他以……方式来爱我。

（3）这种爱让我感受到……

（4）对我产生了……影响。

教学提示：对后面两部分，学生多数可能表达的是积极的感受和影响，比如"让我觉得我是可爱的""他们很在乎我""让我更加自信""让我更有勇气去探索"等，但也可能有少数学生会表达消极负面的感受，如"我觉得他们的爱对我产生了很大的困扰""他们以爱的名义干涉我""让我觉得自己没用，什么事都不放心让我自己处理"等；甚至还有一种可能：学生的家庭氛围不够好，学生认为自己根本就没有感受到家人的爱。这也是现实中客观存在的状况，教师对此要有思想准备，不要试图强行引导到积极感受的表达上来，允许这些表达的存在，而对这些信息的处理，可放到下一个教师总结的环节。

4. 教师总结。

总结语提示：经常接收到爱的信息，收获亲情和友情，被亲人、老师、同学爱着，会让我们更认可自己，更自信，更有自尊。缺乏爱的人，会对自己没有信心，有自卑倾向，内心否定自己。

当然，爱的表达与表现方式很重要，有些父母对孩子的爱，因为缺乏信任，担心子女受到伤害，会表现为包办代替，不愿意提供机会给子女去探索和尝试，这样的爱会让子女感觉受到限制，也会让子女失去锻炼自己获得成长的机会。还有一些人不善于表达感情，尽管内心是有爱的，但被爱的人却没能感受到。有爱，还需要会爱。

（三）有爱也会爱

1. 教师导语并提问：如果你很努力地爱一个人，但却没能让他感受到你的爱，那这份爱就没有产生应有的积极效果。现在我们来探索一下哪些方式能有效地让别人感受到爱。

2. 分组讨论：如何做才是会爱。

（1）全班各分为两个大组，两个大组分为若干小组，每小组4~6人。

（2）一大组各小组讨论别人的哪些爱的表达或表现让自己感受很好，并总结出来写在大白纸上；二大组各小组根据自己的经验，讨论有哪些有效地表达或表现爱的方式，能让别人产生良好感觉。总结出来写在大白纸上。

（3）讨论结束后，先由第一部分小组完成结果分享，把结果写在黑板上的左边；然后第二部分小组分享，把结果写在黑板上右边。

（4）比较两边结果，哪些是一致的？标识出来。

3. 教师总结：赠人玫瑰，手留余香。我们有很多方式可以让人感受到爱，我们所爱的人也会回馈给我们更多更好的爱。在这个过程中，我们自己和所爱的人都获得幸福，变得快乐自信。其中一个最有效也最容易做的，就是赞美。

（四）学会赞美

1. 教师导入语：赞美是表达爱的有效方式。赞美所表达的对别人的欣赏和认可，会让对方看到自己的长处，了解自己的价值，从而更自信、更快乐。在人际关系中，赞美也是很好的润滑剂，使我们总能看到别人的优点，跟人相处更愉快。但是要注意，赞美是真诚地表达自己对他人的欣赏。我们需要有一双善于发现的眼睛，看到别人的优点，并真诚地表达出来。仅仅为了讨好对方，违心地赞美在实际上是虚伪的恭维，无益于别人更好地认识自己，也会让自己感觉到做违背心意的事的那种屈辱。下面我们来练习一下，经过思考和选择，在班上确定3~5位在某一方面你很欣赏的同学，去向他表达你的赞美。

2. 赞美练习。

（1）活动要求：赞美2~5个对象；所赞美的必须是自己发自内心欣赏的，可以是外表、衣着，也可以是人品、才华，或是特别的技能等。

（2）思考3分钟后，学生自行离开座位，去寻找赞美对象进行赞美。如果遇到赞美对象正在忙着赞美别人，那就安静站立一旁等待，不应打扰。

（3）练习完毕，各返座位。邀请3~5位同学分享：赞美了谁，赞美内容是什么？并邀请被赞美对象谈感受。

（五）课后作业

当天晚上在家向父母表达自己的赞美或欣赏之情。

晚上回家赞美父母，以表达自己对父母的赞美和欣赏；或者选择一种或者几种在课堂上讨论出爱的表达方式，表达自己对父母的爱意。

第七课 有效交流

一、活动目标

1. 帮助学生建立有效交流的意识，懂得有效交流和无效交流的区别。

2. 理解基于平等和尊重的沟通与协商有助于解决分歧，这个过程中经常需要双方做出一定妥协。

3. 进行冲突情境中的交流技能训练。

二、活动准备

教师准备：每人两张白纸（A4或B5大小均可，较薄）。

学生准备：情景剧排练。

三、活动过程

（一）热身活动：撕纸游戏

1. 游戏规则：每个学生拿一张纸，闭眼听教师说指令，并按指令完成活动；全程不许睁眼也不许提问；教师在发出指令的同时，也按指令与大家同步完成操作。

2. 教师游戏指导语：将纸对折一下，然后再对折一下，在右上角撕去一个角；然后转动180度，再将手中所拿纸的左上角撕去，然后把纸展开。

3. 讨论并思考：按规则完成游戏后，请学生展示手中的纸，并与教师展开的纸比较一下，形成的图案是不是一样的？然后思考：都是按老师所说的进行，为什么结果会不一样？为了保证能与教师展示图形一致，可以怎么做？

4. 重玩游戏：根据讨论结果和建议，重玩游戏；游戏规则有变化，就是学生在不明白指令时可以提问与教师沟通。

教学提示：重玩游戏仍然全班参与，但班额较大的话，双向沟通量太大，可以选出十来位同学上台参与游戏，其他人做观察者。第二次做完后，通常与教师图形一致的比例会提高，但也会有不一致的情况。

5. 比较一下两次游戏结果，并总结。

教师总结语建议：单向接收信息时容易导致误解，因为不同的人对同样的信息会有不同的理解；双向沟通使信息交流的准确性大大提高，但过程比单向沟通复杂得多，需要双方不断提供信息和做出反馈，确保较准确地理解彼此。准确表达、准确理解，才能形成有效交流。

（二）有事好商量

1. 教师导入语：有时候我们会遇到一些事情需要跟别人协商解决，如果处理得当会比较顺利，处理不当可能引发冲突。比如以下情境中，如果当事人希望问题得到解决而又不发生冲突，可以如何表达呢？

2. 依次呈现案例（案例见附录）。每呈现一个案例，学生分组讨论，每组推荐两名同学来进行角色扮演，示范沟通过程。

3. 教师总结。

（1）一方面，要明确我们与别人协商的要求是合理的，所以完全可以理直气壮；另一方面，他人并没有做错什么，而我们的要求确实会给人带来些许不便，所以需要协商。所以从态度上来讲，既要自信，也要温和，不卑不亢。

（2）协商的时候要体谅给人带来的不便，并有所表达；对造成的不方便可以提一个替代性的建议甚至可以具体帮助实施，如建议换一个地方玩，帮组长找好换任务的人等。

（3）交流是双方的，有时候即使你做得足够好，也可能因为对方的因素造成沟通失败，甚至引起争端。但这不是自己的错，不必为此自责；也要相信不讲理的人是极少数的，不必因此影响下次交流协商的勇气。

（三）深化与扩展

1. 就以上案例继续分组思考与讨论；每个问题讨论完，各组派代表发言。

（1）什么情况下沟通会发生冲突？应当如何避免？

（2）如果当事人采取逃避态度，隐忍下来，会有什么感受和产生什么结果？

2. 教师视情况补充总结。

总结要点提示：

（1）态度倨傲最容易引发冲突。如果当事人认为自己的要求是合理的，因此就盛气凌人，呵斥别人，指责抱怨，认为是别人给自己造成麻烦，这就易激发矛盾，引起冲突。

（2）如果对沟通没有自信，提要求时自觉理屈气短，低声下气，也容易令对方放大自己的付出，无端生出怨气，给沟通造成阻力。

（3）再次强调，协商顺利的前提是态度温和而自信，并有

礼貌地为自己给对方造成的不便表示歉意。

（4）不敢与人协商解决问题的人，常常是缺乏自信、对自己的沟通能力不自信的人，他同时也不够信任他人对自己的善意。这可能是个人生活经历中沟通失败的经历带来的，也可能家里或生活中有较强势的人，因此习惯了压抑自己。如果不敢通过协商解决问题，而过分克制自己的正当要求，一是会给自己的生活平添许多困难；二是会长期压抑自己而造成心理不健康；三是长此以往，与人交往协商的能力得不到成长，会限制自己的发展空间。我们需要调整沟通态度，训练沟通技能，以成功的沟通与协商增强自信，慢慢从怯懦中走出，变得自信开朗。

（四）有话好好说

1. 教师导入语：我们的态度是通过言行表现出来的。自信而温和的态度，可以通过平和的语气、坚定的目光、放松和温和的面部表情来表达。如果语气带有强烈的情绪色彩，目光畏缩而闪烁，表情过于严肃都容易激起他人相应的情绪，影响沟通效果。接下来，我们就来感受一下不同的态度表达。

2. 活动环节：

根据以下设定，各组从前面三个案例中选取一个开展讨论设计，组队进行角色扮演。

（1）怯懦畏缩：担心别人不同意，怕让别人觉得厌烦，所以低声下气。

（2）盛气凌人：觉得别人理所应当要满足自己的要求，态度很不客气，甚至带有指责他人给自己带来麻烦的态度。

（3）温和自信：相信自己的要求是合理的，也相信别人会理解；同时为自己给别人带来的不方便而致歉，感谢别人的配合。

附录

情境一：

姜越坐在座位里侧，同桌王健偏胖，座位与后面课桌之间没有足够的空隙，姜越出去时很不方便，需要让王健起来挪座位让他。这时姜越应该怎么说？

情境二：

课间姜越在过道与其他同学打闹玩耍，在座位上写作业的王健不时被同学碰到胳膊，字迹也因此弄乱了。王健如何有效地与这些同学沟通？

情境三：

五年级三班一组10位同学今天轮到做清洁，组长安排女同学小丽和小云用抹布擦桌子，小丽正在月经期，大冬天的，应避免接触冰凉的水。小丽想跟别的同学换一换任务，她可以怎样去与组长沟通？

第八课　怎么做决策

一、活动目标

1. 复习巩固做决定的"3C模式"。

2. 练习运用"3C模式"做集体决策,并懂得集体决策与个人决定所负的责任大小不同,集体决策的责任更大,影响面更广。

3. 懂得做决策需要深思熟虑,不能轻率,为团体做决策尤其如此。

二、活动准备

教师准备:"3C模式"的概念解析及清单准备,案例准备,A4纸。

学生准备:水彩笔。

三、活动过程

（一）导入活动:世上没有后悔药

1. 分组讨论与分享:自己曾做过哪些令人后悔的决定?为什么会做出如此令人后悔的决定?当时有可能避免吗?各组根据后悔程度推举一位同学,在全班分享其后悔做出的决定,以及对决定过程的反思。

2. 教师总结:一个不明智的决策会给人带来各种损失,有些损失令人非常遗憾。可是世上没有后悔药，我们只有审慎对待各个重要决策，尽量减少决策失误。

（二）复习回顾决策的"3C模式"

1. 回顾"3C模式"：在教师的带领下，学生回忆，教师补充。板书：面临的挑战、可能的选择、不同选择的后果。教师讲解三个环节。

（1）了解自己面临的挑战（Challenge）：确定你面临的问题或挑战。

（2）清楚自己有几种选择（Choices）：想一想你有几种选择，并写下至少三种。

（3）明确每种选择的不同后果（Consequences）：搞清楚每一种选择可能带来的好的和不好的后果。然后，比较各种选择和列出来的后果，做出决定。

2. 分享与总结：各组将刚才分享的决策失败案例运用"3C模式"重新做决定，由分享者对重新做出的决定进行评估（满意、一般、不满意），在全班分享并说出理由。

（三）我帮小磊出主意

1. 教师导入语：很多时候，我们所做的决定是关于自己的，自己做的决定，自己承担结果就行了。但有些决定不只是事关自己一个人，而是一个团体。这时候，决定的结果事关一群人，如果决策失误，会有许多人跟着受损失，如作战部队的指挥员、公司的总裁。就算在我们小学生的生活学习中，也有需要为集体或群体做决定的时候。这些决定往往还充满了争议。做决策的人更需要慎重，否则会给许多人带来负面影响。

2. 出示案例《小磊应该如何做决定》（见附录），分组

讨论，并按决策的"3C模式"填写决策单，提出给小磊的参考建议。

3. 各组汇报决策结果并解释理由。

教学提示：如果各组的汇报都没有跳出案例中争执双方的观点和选择，那么教师可以引导学生思考，除了案例中的两个选项，还有没有别的可能？在争执不下的情况下，我们还可以把哪些人的意见纳入参考范围？还可以向哪些人请教，或听取哪些人的意见？

4. 教师总结：我们看到了在真正做决定时，每件事情都会有几种选择，每种选择都会有一定的理由，这时你要学会分析每种选择的利和弊，做出审慎、负责任的决定。做为一个团队的带领者，所做的决定会影响到更多的人，更需要以对团队负责任的态度，除了运用"3C模式"形成有效的决策思路，确保决策质量以外，还需要多听取意见，不能一意孤行；听取意见的对象，不只是团队成员，还包括其他有经验的人。所以，当我们遇到难以决策的事时，可以听取老师、家长以及其他专业人士的意见。

（四）结课

学生自由讨论本课的学习收获。最后视时间情况请1~3位学生上台分享。

附录

（一）小磊应该如何做决定

小磊是五年级二班的一个男生，他在学校有几个好哥们，经常一起玩耍，也时常互相帮助，小磊在他们当中很有威信。

一天，其中的小灿告知大家，他在校外被六年级几个男生欺负了，那几个男生逼他拿出身上所有的钱，还让他第二天要再拿出五百元，不然就揍他。小灿很害怕，而他的几个哥们替他抱不平，要齐心帮助小灿。但对于如何帮助，几个人的意见却不统一。有人认为不宜直接发生冲突，会把事情搞大，建议告诉父母或老师，由他们来收拾这帮高年级的学生。但有人反对，说这样并不管用，他们顶多挨顿批评，事后可能出于报复对小灿做出更过分的事，所以他们认为私下找到他们，要他们道歉还钱，不然就收拾他们，以暴制暴。两派争执不下，就让小磊拿主意，表示都听他的，他说怎么做就怎么做。

（二）"3C模式"决策清单

1. 面临的挑战（或问题）：_____
_____
_____

2. 可能的选择：

选择1：

选择2：

选择3：

3. 每个选择可能面临的结果：

积极_____ 消极_____

你的最终决定：

决策的理由：

第九课 有所为有所不为

一、活动目标

1. 能够理解社会规范会影响我们的价值观和行为，包括性价值观和性行为。

2. 懂得坚定而自信的态度是抵御负面社会规范和不良同伴压力的前提。

3. 掌握三种策略性拒绝方法，并能在抵御同伴压力时使用。

二、活动准备

教师准备：按分组数准备行为清单（见附录，印在A4纸上），按分组数准备情境案例（见附录，印在A4纸上）。

三、活动过程

（一）导入：没有规矩不成方圆

1. 谈谈家规：同学们在家里做什么事是一定会被父母责罚的？

学生自由表达，教师可指名分享。

2. 在学校有哪些规则需要遵守？

学生自由表达，教师可指名分享。

教学提示：教师在听取学生发言时注意男生与女生的回答

有没有区别，关注家庭里针对女孩和男孩在同一件事上的不同评判标准，或有宽严度不一样的规矩；针对学校需要遵守的规则，讨论发言结束后可以向学生出示《小学生守则》（见附录）。

3. 教师总结：俗话说，家有家规，国有国法。凡事没有规矩不成方圆，我们在任何环境里都需要遵守一定的规范，用这些规范来决定做什么和如何做。每个社会都有必须遵守的规范，比如法律；也有一些并不具有强制性但仍然会影响我们的价值观和行为的规范，比如道德。

（二）行为清单

1. 分组讨论：每组分发一份行为清单，大家讨论哪些行为可以接受，哪些不可以，在可以接受的行为后面括号内写上Y（Yes），不可接受的写上N（No），有争议、意见不一致的留空。

2. 各组汇报讨论结果：先报标记有Y的行为编号，再报标记N的行为编号，看看各组是否有差异。

3. 全班举手表决，统计有争议的项目中支持与反对的人数，并把统计结果记录在黑板上。

4. 请争议双方就每项行为的表决表达理由，总结如此评判的依据。

5. 教师总结：我们每个人的行为背后都有一些观念的支配，也受一些规范的影响。有些行为规范大家认识比较一致，但有些就仁者见仁智者见智了。即使是公认的必须遵守的规范，也还是有一些人会尝试去挑战，如行人或汽车司机闯红灯、小学生迟到早退等。还有一些人不仅自己要做违背社会规

范的事，还诱惑别人，或向别人施加压力，要别人与自己一起同流合污。面临这种情况，我们需要坚持自己的原则，顶住压力，抵制诱惑，敢于拒绝，善于拒绝。

（三）拒绝的策略

1. 教师讲解拒绝策略。

受到拒绝的人通常会感到受伤，也容易因此对拒绝自己的人产生愤怒感，甚至做出不理智的事。所以，拒绝别人是一件很有压力的事，因为我们都不想让别人不愉快。但当对方要求你的事超出了你能接受的原则范围时，就必须拒绝。我们如何做，才能尽量减少拒绝给对方带来的负面感受，让对方更能接受呢？我们有三种策略：

（1）共情式拒绝：拒绝之前，先对对方的提议表示理解，再表达自己有更重要的理由。这样的拒绝方式能有效减少对方的不良感受。

示范："玩游戏是很过瘾，我也想玩，但我作业做不完会挨骂的，而且我也不想玩上瘾了。"

（2）替代性拒绝：拒绝对方提议以后，提出一个替代性的方案。这可以最大限度地表达善意，又有很大的可能将对方所提出的不良建议用一个合理的建议替代。

示范："你知道我从不玩电子游戏的，上瘾了很难以自拔。这样好不好，我们去书店看书，我可以用零花钱请你喝奶茶。"

（3）爱护性拒绝：拒绝对方的理由是替对方着想，而不是为了自己。这会让被拒绝的人心生谢意，消除受到拒绝的不快。

示范:"你不能再玩游戏了,再这么玩学习也废了,你爸妈不会放过你的。要是你留级了,我们就不能在一个班学习了。"

拒绝他人还需要有自信而坚决的态度,让对方明白你的决心,打消威胁或劝说的念头。

2. 练一练。

(1)分组讨论与演示:

每组发一份情境案例(见附录,教师也可以自行编写情境),学生尝试对每一个情境进行拒绝。方法参见教师所介绍的三种拒绝方式,并且做到态度自信而坚决。

(2)各组推荐一位做得最好的学生上台展示,大家观摩。

(四)结课

1. 教师总结:每个人对规范的理解和接受都不完全相同,所以各人都有自己的行事原则。当别人的提议或要求超出了自己的底线时,要有承受拒绝压力的勇气,也要有技巧性拒绝的智慧。拒绝时态度要自信而坚决,避免对方继续纠缠。

2. 学生交流收获。

附录

(一)小学生守则

1. 爱党爱国爱人民。了解党史国情,珍视国家荣誉,热爱祖国,热爱人民,热爱中国共产党。

2. 好学多问肯钻研。上课专心听讲,积极发表见解,乐于科学探索,养成阅读习惯。

3. 勤劳笃行乐奉献。自己事自己做,主动分担家务,参与劳动实践,热心志愿服务。

4. 明礼守法讲美德。遵守国法校纪，自觉礼让排队，保持公共卫生，爱护公共财物。

5. 孝亲尊师善待人。孝父母敬师长，爱集体助同学，虚心接受批评，学会合作共处。

6. 诚实守信有担当。保持言行一致，不说谎不作弊，借东西及时还，做到知错就改。

7. 自强自律健身心。坚持锻炼身体，乐观开朗向上，不吸烟不喝酒，文明绿色上网。

8. 珍爱生命保安全。红灯停绿灯行，防溺水不玩火，会自护懂求救，坚决远离毒品。

9. 勤俭节约护家园。不比吃喝穿戴，爱惜花草树木，节粮节水节电，低碳环保生活。

（二）行为清单

请根据你是否可以接受以下行为，在后面的括号里填上√或×。

1. 过生日请了好朋友到家里吃蛋糕。（　）

2. 上课时吃东西。（　）

3. 作业没做完，但太困了就睡了。（　）

4. 儿童节表演一个节目，节目中男生和女生都穿草裙跳舞。（　）

5. 夏天在家只穿短裤。（　）

6. 班上一名女生脚摔伤了，两位男生轮流背她上下楼。（　）

7. 看了小黄片觉得有趣，就分享到班级群里。（　）

8. 男生杨杨有一只毛茸茸的邦尼兔,晚上抱着它睡觉。（　　）

9. 在地铁上给孕妇让座。（　　）

10. 学校兴趣班有一个刺绣小组,男生小杰报名参加。（　　）

11. 爸爸妈妈想要生二胎,给自己添个弟弟或妹妹。（　　）

12. 女生小丽竞选班上的体育委员。（　　）

（三）如何说不

1. 周末,邻居家的哥哥邀请小美去网吧,但是邻居哥哥才读六年级,小美也才上五年级,网吧门口还有"未成年人不得入内"的牌子。

2. 小武是五年级的学生。过年了,爸爸的朋友们来家里拜年。中午喝酒时,一个叔叔喊着小武:"来,小武,男子汉,陪叔叔喝一杯!"

3. 小林家在农村,每次回家总是在读初中的表哥带着自己玩,这次也不例外。表哥带着小林来到小池塘边,从口袋中掏出一包烟,点燃之后问小林:"来不来一根?"

4. 六年级的肖骁得到一些小黄片,肖骁便邀请杨杨和其他小伙伴去他家看。杨杨不愿意去,可是肖骁威胁杨杨说:"你要是走了,以后我叫他们都不和你玩了!"

第十课 安全距离 预防骚扰

一、活动目标

1. 知道什么是性骚扰、性侵害，并能在具体情境中做出准确判断。

2. 能辨别案例中是否有性骚扰、性侵害的危险信号，并对不恰当的言行表示拒绝。

3. 在自己或他人遭受性骚扰、性侵害时，能够有效应对，寻求帮助和支持。

二、活动准备

教师准备：讨论案例（见附录）。

三、活动过程

（一）活动导入：探索安全距离

1. 教师引导语：有时候，我们的语言和行为可能会无意间给别人带来困扰。想象一下，和熟悉的人如父母、好朋友在一起时，我们可能会感到亲密无间。但如果是陌生人靠近我们，哪怕只是几米的距离，有时也会让我们感到尴尬或不适。那么，什么是适合我们的安全距离呢？大家在活动中一起去探索吧！

2. 活动要求：

请每位学生选择一位同学（同性或异性）作为搭档。两位同学相向而行，走到彼此都能接受的最近距离时停下来，并记录下这个距离。

分享与讨论：完成后，与周围的同学分享你们的距离，并讨论为什么选择了这个距离。记录大家的发现，看看是否存在差异。

3. 社交安全距离

教师讲解：人和人之间的相处就如同两只刺猬一样，需要保持一定的空间距离。这个距离不仅关乎物理上的舒适，还涉及心理上的安全。人类学家爱德华·霍尔博士将人际交往的空间距离划分为四种：亲密距离、个人距离、社交距离和公共距离。其中，社交距离和公众距离与我们的日常生活息息相关。

教师小结：保持适当的社交安全距离是尊重他人和自我保护的重要体现。然而，生活中，有些人可能会无视这些界限，以不适当的方式接近他人，甚至进行骚扰。这就是我们今天要深入探讨的话题——性骚扰。性骚扰不仅违反社交安全距离的原则，更是对个人尊严和权利的严重侵犯。

（二）识别性骚扰

1. 教师讲解：性骚扰是一种严重侵犯个人边界的行为，它可能以言语、肢体接触、视觉展示或一意孤行的约会/性关系要求等形式出现。重要的是，无论何种情形，受害者都不应该受到任何责备。了解并分辨性骚扰是保护自己的第一步。

教师呈现案例（见附录）。

2. 小组讨论：分组讨论，以上案例算性骚扰吗？列举出生活中可能遇到的性骚扰行为。

3. 教师讲解：性骚扰，指一切"以带性暗示的言语或动作,针对被骚扰对象,引起对方的不悦感"的行为,如身体接触骚扰、言语上的骚扰、短信微信电子邮件的骚扰、行索贿或性要挟骚扰、一意孤行的约会/自我暴露性骚扰等。

4. 教师小结:性骚扰以及任何形式的性侵害是一种僭越个人边界、践踏他人权利的行为。多数情况下,女生容易成为性骚扰的受害者,也常常因此受到"受害者有罪论"的社会规训。同时,青春期中的男生也需要面对关于性的本能甚至是困扰。男性也可能遭遇性骚扰而不自知,甚至因为大家对性别的刻板印象,遭遇了性骚扰的男生可能更难主动寻求并获得支持。因此,我们也呼吁男生和女生都参与进来,共同关注"性骚扰"这个话题。无论何种情形,受害者不应该受到任何责备。了解、分辨性骚扰是保护自己的第一步,理性面对、寻求帮助则更需要勇气和知识。

(三)应对性骚扰

1. 性骚扰对青少年的心理影响。

教师讲解:性骚扰对青少年的心理影响是深远且复杂的,可能导致焦虑、恐惧、自卑、羞耻、信任危机甚至心理创伤。因此,我们需要学会如何有效应对性骚扰,保护自己的心理健康。

讨论应对策略:分组讨论,探讨在面对性骚扰时,可以采取哪些有效的应对策略,从而引出下文知识。

2. 学会自我保护。

教师讲解:自我保护涉及多方面的含义。首先,我们要保持警觉,防患于未然;其次,当遭遇性骚扰时,要勇敢地说不;再次,如果不幸受害,要及时向信任的人或社会机构寻求帮助。

情境模拟:请学生分组模拟遭遇性骚扰的情境,并讨论如何有效地应对和求助。

资源分享

鼓励学生在需要时拨打这些热线寻求帮助：

共青团中央青少年心理咨询和法律援助热线（12355）

全国妇联维权公益服务热线（12338）

（四）活动总结

教师小结：通过今天的课程，我们探索了适合自己的安全距离，了解了性骚扰的定义、形式以及对青少年的心理影响。更重要的是，我们学会了如何有效地应对性骚扰，保护自己的身心健康。记住，无论何时何地，你的安全都是最重要的。

希望每位同学都能将今天学到的知识应用到日常生活中，勇敢地保护自己，也勇敢地站出来帮助他人。让我们一起努力，营造一个安全、尊重、和谐的社会环境。

附录

讨论案例参考

下课时某学生用不恰当的言语骚扰同桌，并通过微信等网络平台向多名同学发送带有性暗示的词汇和图片。

见网友时对方一直邀请自己去他/她家玩。

网友约自己晚上九点见面。

公交车上有人蹭你身体。

有高年级的人约你去没人的角落。

隔壁叔叔/阿姨约你到他/她家一起看色情电影。

在一次朋友生日会上，有异性将手放在你肩上。

六年级
(上学期)

第一课　我还不想当爸妈

一、活动目标

1. 了解常见的避孕措施，并能比较其优势和风险。
2. 懂得通过正确的避孕手段避免非意愿怀孕。
3. 知道早孕的危害，明白适龄生育的重要性。

二、活动准备

教师准备：教学用的案例（见附录，也可自行准备）；准备足够的A4纸，用于记录讨论结果。

学生准备：上网或通过其他途径了解各种避孕措施的方法和优缺点，了解可以获取避孕药具的途径。

三、活动过程

复习导入：我从哪里来？一分钟性教育视频回顾（内容为精卵结合过程，也可用图片演示）。

（一）谁有资格做爸妈？

1. 分组讨论：你认为什么人适合孕育自己的宝宝？各组派代表分享，分享内容不重复。

2. 分享三个案例，三个案例中哪些主人公有资格做爸妈？（案例见附录）

教学提示：三个案例中，第一对未成年人不适合成为父母。如果学生在讨论中已经提出来了，那进入下一个环节继续讨论不适合的理由，在此不用多费时间；如果学生没有提出来，就需要教师指出这一点。可能有学生会提出艾滋病患者不宜生孩子，以防母婴传播，教师就需要在总结时指出现在的母婴阻断方式，说明艾滋病患者有很大机会生下健康的宝宝。

3. 教师总结：后面两对夫妇可以怀孕成为父母，包括艾滋病患者，只要采取母婴阻断方式，就能生下健康宝宝。可是，基于各种考虑，他们暂时不打算怀孕生子，要等待更好的时机。

（二）怼怼小丽的男朋友

1. 教师导入语：小丽的男朋友认为怀孕是一件小事，小丽不用担心。但我们刚才讨论中提到，未成年人是不适合成为父母的。那我们帮小丽说服她男朋友吧。大家认为，未成年人不适合成为父母的理由有哪些呢？

2. 学生分组讨论，记录下所有想到的理由。

3. 各组依次汇报，后一组在前一组的基础上补充，不重复。

教学提示：

未成年人怀孕的不利因素：

（1）女孩子身体发育还未成熟，怀孕分娩会承担更大的健康风险。

（2）以人工终止妊娠也可能对女孩子的身体造成极大损害，甚至危及生命，特别是不规范的人流手术。

（3）未成年人怀孕，大多数时候得不到社会和家庭的支持；加上未成年人经济不能独立，没有能力或意识承担作为父母的责任，会在心理上受到极大压力。

（4）如果生下宝宝，未成年母亲很难再继续学业，个人发展受到极大限制，给未来的生活带来极大的负担和负面影响。

（5）由于未成年父母的身体条件和现实条件，可能对宝宝造成先天发育不足和后天发展不良的影响。

总之，未成年人怀孕，不仅会给自己身心带来极大影响，还会累及小宝宝，所以要尽量避免。

4. 教师提问：我们有充分的理由说服小丽的男朋友不要有这么早做父母的想法，但如果他坚持要发生性关系，小丽不想怀孕，除了拒绝发生性关系，还有其他办法吗？

教学提示：学生一般能想到避孕这一点，教师只需要在学生提到之后引入下一环节即可。

（三）现在我还不想当爸妈

1. 教师导入语：大家刚才提到，暂时不宜做父母，采取避孕措施是一个可行的选择。即使有做父母的条件，若夫妻双方暂时还不想要孩子，那也必须采取避孕措施。

2. 学生讨论：这两对夫妻暂时不想要孩子，他们可以采用哪些方式避免怀孕？

各组推荐1~3种自己认为比较好的避孕方式，并说明推荐理由。观点不一致的组可以辩论与交流（各种不同的避孕方式介绍见附录）。

3. 教师总结：作为父母，除了要对自己负责，还应该做出对孩子负责的决定。做父母是大事，生育与否，除了要满足我们的身体条件，还要考虑我们的年龄是否合适，生育也应该要符合法律、道德要求，同时也要有一定的物质基础，以及作为父母是否准备好养育孩子等。我们这个年龄，一定要做好避孕措施，以免闹出"人命"。

附录

（一）谁有资格做父母？

1. 小丽今年16岁，是职高的学生，有一个同校的男朋友。男朋友很想与小丽发生性关系，小丽害怕怀孕拒绝了他。男友说：怀上了怕啥？你生下来我让我妈带大。

2. 刘咏和王强结婚两年了，双方父母都催着他们赶快生小孩，但夫妻俩打算等事业有基础后再考虑生孩子。

3. 一对夫妻感染了艾滋病病毒，可他们还没有孩子。他们非常想做父母，打算备孕一段时间，好好调理一下身体，来年争取要一个宝宝。

（二）常用避孕方法介绍

常用避孕方法包括高效避孕方法和非高效避孕方法。具体而言，高效避孕方法包括宫内节育器、皮下埋植剂、绝育术、长效避孕针、复方短效口服避孕药，非高效避孕方法包括避孕套和其他避孕方法。

1. 高效避孕方法。

（1）宫内节育器。

宫内节育器又叫避孕环，是放置在子宫腔内的避孕装置，通常以不锈钢、塑料、硅橡胶等材料制成。不带药的节育器称惰性宫内节育器；如宫内节育器加上孕激素或铜，可提高避孕效果，称为带药或活性宫内节育器，是目前推崇的节育器械种类。节育环对全身干扰较少，作用于局部，取出后不影响生育，具有安全、有效、可逆、简便、经济等优点，是最常用的节育用具之一。

（2）皮下埋植剂。

皮下埋植剂避孕法是一种新型的避孕方法，目前已在全世界推广使用。这种避孕方法是将一定剂量的孕激素放在硅胶囊管中，然后将此管埋藏于皮下，使其缓慢地释放少量的孕激素，从而起到避孕作用。1984年中国引进了这种避孕剂，首先在北京、上海、天津、沈阳等城市使用。

皮下埋植剂由6枚火柴棒大小的硅胶囊管组成，每枚胶囊管内装有左旋18甲埋植剂（又称诺普兰）34毫克，胶囊管埋入皮下组织后，立即开始缓慢地释放避孕药，24小时后即可起到避孕作用，有效避孕时间为5年。

皮下埋植剂通过改变子宫颈黏液的黏稠度，阻止精子进入子宫腔；抑制子宫内膜生长，不利于受精卵着床；抑制卵巢排卵等多方面作用来达到避孕目的。

（3）绝育术。

绝育术是指把女子的输卵管或男子的输精管切断并结扎或堵塞住，使精子或卵子不能通过，从而达到不育目的的手术。术后男女能进行正常的性生活，但精子和卵子不能结合，是简便、安全、有效的节育方法。凡因有病不宜生育、生育过多或不愿再生育的夫妇均可采用此法。

女性绝育术又称输卵管绝育术，主要有输卵管结扎和输卵管堵塞两大类。输卵管绝育术是一种安全、永久性的节育措施，通过切断、结扎、电凝、钳夹、环套输卵管或用药物黏堵、栓堵输卵管管腔，使精子与卵子不能相遇而达到绝育目的。此种绝育措施可复性高。手术操作可经腹壁或经阴道穹窿进入盆腔，也可直接经宫腔进行。

男性绝育术指通过切断、结扎或采用药物、异物、电凝堵塞输精管而达到永久性不育的手术，主要有输精管结扎和输精管堵塞两种方法。

（4）长效避孕针。

长效避孕针是含雌、孕激素的复方己酸孕酮和复方甲地孕酮注射针剂，可发挥长效避孕的作用。首次均在月经周期的第5天或第10~12天注射一次，以后在每次月经周期第10天注射一次。另一种单纯孕激素避孕针，主要含有醋酸甲羟孕酮（DMPA），月经来潮第5天注射一次，以后每3个月注射一次。此法可应用于哺乳期妇女。

（5）复方短效口服避孕药。

复方短效口服避孕药适合健康育龄妇女，要求避孕而无禁忌者。服用方法为从月经来潮第5天开始，每晚服1片，连服22天，如漏服，应在12小时内补服1片。服完后等月经来潮的第5天起继续服药。服药当月可避孕，可连服2~4年。

2. 非高效避孕方法。

（1）避孕套。

避孕套是目前最普遍使用的方法，最大的优点是丝毫不干扰妇女生理，还可以防止性传播疾病。坚持使用的最大障碍是，无论如何改进避孕套的质地，仍有一些人感到这层薄膜影响了他们最好地享受性爱。

（2）其他避孕方法。

安全期避孕：在月经周期的前半期，是卵巢中的卵子发育期，卵巢中主要分泌的是雌激素，它使子宫内层（内膜）、宫颈及阴道增厚和乳房胀大。其后就是排卵，卵巢中的卵泡释放出成熟的卵子，表现为基础体温的升高和宫颈黏液的改变，此时卵泡主要分泌出孕激素。排卵期就是"能孕期"。如果卵子没有受精，孕激素就会减少并使子宫内膜脱落而月经来潮。自然避孕法又称为安全期避孕法或周期性禁欲。在女性月经周期的第10~15天内，有可能排卵。在排卵前后2~3天以外的其他时间，为性活动的安全期。安全期避孕成功率70%~80%，由于多种因素能够促使女性排卵提前或推迟，经期不够规律的女性，尤其是青少年女性，使用此方法避孕失败风险更高。

体外射精避孕：体外射精（Coitus interruptus）是指在性生活时，男方即将发生射精时，将阴茎抽出，使精液射在女方体外的一种方式，常用来作为一种避孕手段。但该手段具有不可靠性，需要承受更大的怀孕风险。

紧急避孕：紧急避孕顾名思义是一种临时措施，在"紧急"情况下采用的避孕方法。所谓"紧急"情况，是指在性生活时未采取任何防护措施，或采用方法失败，如使用避孕套不当，避孕套破裂、滑脱、漏服药或宫内节育器脱落，遭人强暴等，这时候可以采取一些紧急避孕的防护措施作为补救，以免发生妊娠。必须在性生活后72小时之内采取措施方有效，而且在此72小时之内不能再有无保护的性行为。

第二课　让艾有爱

一、活动目标

1. 理解艾滋病患者会面临情感、经济、生理和社会挑战等生活现状。

2. 能用积极的态度去面对，甚至帮助艾滋病患者。

3. 能够提出可以具体实施向艾滋病患者提供帮助的支持方法。

二、活动准备

教师准备：

（1）视频和故事资料的收集。

（2）工作纸、马克笔。

（3）准备四块纸板，分别写上白血病、甲型肝炎、精神病、艾滋病。

学生准备：

课前做好艾滋病患者生存现状数据资料的查询与搜集。

三、活动过程

（一）宁愿做哪个病人？

1. 教师导入语：天有不测风云，我们希望大家都一帆风顺，永远平安健康，但现实就是人人都可能遭遇不幸，比如生病。有从来没生过病的同学吗？出生后从没生过病的同学请举手。我们或大或小、或多或少都生过病。假如你不得不成为病人，在以下四种疾病中，你宁愿得哪一种病？请选择。

2. 将四块写着疾病名称的牌子竖在墙边（中间必须有一个是艾滋病，其他的可以视情况来定），每块牌子之间保持较宽距离。

3. 请大家站在选择的病种牌子前，列成一行。统计各行人数，填在相应的疾病名称上。

4. 分头采访各组学生。采访要点：

（1）为什么做出这样的选择？

（2）最害怕得哪种病？为什么？

（3）这些疾病带给人的影响有哪些不一样？

（4）如果你是患者，哪些病你不会选择公开病情？为什么？

5. 教师总结。

总结要点：同样是疾病，有的疾病会让人因不了解而恐惧。同样是病人，因所患疾病的不同，有人容易得到同情与支持；有的却让人退避三舍，甚至遭到排斥与歧视，比如精神病患者和艾滋病患者，他们不仅要承受疾病带来的生理上的痛苦与压力，还要承受因恐惧和歧视带来的社会压力。有的疾病，病人愿意公开病情，并因此得到关注和援助；有的疾病，病人千方百计保密，不敢公开病情，甚至宁愿放弃求助，就是怕公开之后受到排斥与歧视，非但得不到帮助，反而可能会因为歧视丢掉工作，失去学习机会，被社会、亲友抛弃。

（二）艾滋病患者的现状

1. 学生根据课前搜集的资料，汇报艾滋病患者的现状（情感、经济、工作等都面临的挑战）。

2. 观看1~2个艾滋病患者的日常生活视频，或出示1~2个艾滋病患者的生活案例，加深感性认识。

3. 教师总结：艾滋病患者受到疾病的威胁，本就生活在阴影之中，加上社会上普遍存在的歧视和排斥，使他们的处境更是雪上加霜。

（三）我们可以做什么？

1. 分组讨论：艾滋病患者处境如此艰难，作为普通人的我们可以为他们做些什么呢？小组讨论，汇报交流。

提示：从物质支持、精神支持、社会力量支持、其他支持几方面着手。

2. 教师总结：首先，我们需要保证自己的健康，注意平时的预防。其次，我们可以通过各种活动去呼吁社会给予他们更多的关注和支持，反对歧视和羞辱，呼吁人们能够平等地对待他们。另外，我们也可以走近他们，给予他们精神和物质上的支持，让他们有更多的机会接触社会，感受到社会的温暖。

（四）结课，我的收获是什么？

学生自由讨论本课的感想和收获。最后视课堂剩余时间长短，请1~3位学生在全班分享。

附录

案例一：

小A生活在一个偏远的山区，爸爸在外打工时染上了艾滋病，回到家，妈妈也因此染上了艾滋病。妈妈听信偏方说小A的血可以治病，于是爸爸妈妈双双咬破小A的手臂以吸血治疗，因此小A也不幸染上了艾滋病。小A的父母相继离世，留下病重的小A，最后也因为病重不治身亡。

案例二：

某地一家咖啡厅有几个服务员是艾滋病患者的孩子，受到资助到这里来打工，却因为他们是艾滋病患者的孩子，被一些当地人要求滚出某地。

案例三：

小晶是一个受到母婴感染的艾滋病患者，正值青春期的她很需要朋友的陪伴，她觉得对待朋友，就应该坦诚。她知道日常的接触是不会感染的，于是将自己患病的事情告诉了自己最要好的朋友——玲玲。玲玲听说这个事的时候，很震惊，当时并没有说什么，但从此以后，她看到小晶来了就拐弯，也在各种场合和小晶可以保持距离。这让小晶很苦恼。

第三课　保护自己免受侵害

一、活动目标

1. 了解各类儿童性侵害，能识别性侵害行为。

2. 能识别儿童性侵害的高风险情境，尽量避免身处险境。

3. 懂得坚定而自信的拒绝有助于保护自己免受侵害，能演示坚定而自信的拒绝技巧。

二、活动准备

教师准备：图片、性侵害相关知识和案例。

三、活动过程

（一）导入活动

复习三年级《身体红绿灯》一课的关于身体红、黄、绿灯区的重要结论（用PPT展示，学生齐读）：

每个人都有权决定允许谁、以何种方式接触自己身体的哪个部位。每个人的黄灯区、绿灯区可能不相同，我们要尊重别人的标准。别人的红灯区，一定不要触碰；自己的红灯区，一定要严加防护。如果有人想要侵犯，不论他是谁，都要断然拒绝。任何部位的身体接触，如果自己不愿意接受，都有权利拒绝。

（二）YES or NO——这些身体接触你接受吗？

1. 教师导入语：人们在交往当中，时常会发生一些身体接触。有些身体接触是令人反感、不能接受的，有些则是令人愉快、愿意接受的。下面这些身体接触，哪些是你可以接受，哪些是你不能接受的？对能接受的行为做出"YES即OK"的手势，对不能接受的行为用手在胸前交叉，表示"NO"，不确定则十指交叉相握，举过头顶做出"O"的姿势（教师做动作示范）。

2. 逐条出示身体接触情境，学生以动作表达态度（见附录）。

教学提示：身体接触情境依次出示后，如果全班意见一致则过，意见不一致则停下分别听取各方意见。注意先听取少数意见，另外注意不同意见者是否有性别差异，若有，引导大家讨论为什么会有差异。展示结束后，将大家都不能接受的接触情境序号写在黑板上，让大家来总结这些谁都不能接受的身体接触情境有什么特点。

3. 教师总结，要点提示：

（1）在没有必要的情况下，故意找机会接触他人的隐私部位，往往是性侵犯的开始，这是非常不安全的身体接触。有些侵害者会伺机实施性侵害，如强奸、猥亵等。因此要坚决拒绝，并尽快离开，到安全的地方，并告诉信任的成年人。案例情境6、9就属于这类情况。

特别提示：如果有学生问到什么是强奸和猥亵，需要用学生能懂的语言给予解释（见附录，内容可参考《珍爱生命——小学生性健康教育读本》五年级上册，刘文利主编，北京师范大学出版社2013年版，第42~43页）。

解释过程中可能会产生新的困惑，教师要客观清晰地做出解答。由于课堂教学时间有限，建议将《珍爱生命——小学生性健康教育读本》列为学生课外必读书目。

（2）公开场合的性骚扰也侵犯了自己的身体隐私权，在确保自己安全的情况下应该反抗和求助，如案例情境3。

（3）有些情况下的身体接触是安全的，但是否愿意接受，每个人有不同的感受和决定。这些情况会视具体情况而定，如对方与自己的性别是否相同、彼此关系亲密程度、当时的情境等。案例情境2、7、8等属于此类情况。

（4）有些接触是安全而正常的人际交往身体接触，一般我们都会愉快接受，如案例情境1、4、5等。

（5）在必要的情况下对隐私部位的接触，必须在监护人的陪同下进行，以确保安全，如案例情境10。

（三）遭遇侵害怎么办？

1. 教师导入语：前面我们讨论了一些不同的身体接触，这些身体接触有些是安全的，我们也乐意接受；有些尽管也安全，但我们不愿意接受；而有一些很明显是不安全的。那么后面两种，我们应该如何做出反应呢？

2. 出示案例，先判断是否是安全的接触，再讨论应当如何做出反应。

（1）案例：你作文比赛得了第一名，领奖下来后，好朋友替你高兴，张开双臂要以拥抱来祝贺，可你穿了一件雪白的衬衫，而好朋友才玩过篮球，满手是灰，你不想身上印上掌印。你可以怎么做？

（2）问：这是不是安全的接触？你要怎样拒绝？学生自由示范自己的应对。

教学提示：这是安全的接触，但不是想要的。拒绝要和善有礼，甚至可以幽默地做出反应。

3. 出示案例，先判断是否是安全的接触，再讨论应当如何做出反应。

（1）案例：五年级学生莉莉到同学家参加她的生日聚会，因为时间晚，便告知父母后留宿，与同学同住。当她洗完澡出浴室后，迎面碰见同学的哥哥，他见四周没人，就抱住她亲吻并抚摸她身体的隐私部位。

（2）问：这是不是安全的接触？莉莉应当如何做？分组讨论，轮流上台示范反应。

教学提示：这是活动二的重点教学环节，旨在帮助学生掌握遇到性侵害时的正确反应方式，所以需要预留较多的时间。当学生上台示范之后，教师引导学生评价反应方式是否合理，有没有风险，哪些需要改进。凡提了改进意见的，学生需要按建议重新示范表演。

（3）教师总结。

总结要点提示：同样是拒绝他人的身体接触，对于友好安全的身体接触，拒绝时要有礼貌；然而对于不安全的接触，尤其是对侵害行为，拒绝时不必讲礼貌，而要明确而坚决地表达愤怒和拒绝，语气严厉。

如学生说："请放开我，请不要摸我！"

纠正并建议这样反应："放开我！不许碰我！"声音要大，语调严厉。

如果附近有人，尽可能做出大的动静，如踢翻家具，打碎东西，引起注意，使对方有所顾忌，以便尽快脱身。

（四）请相信我，请保护好我

1. 深化讨论一：如果你是莉莉，脱身后你会做什么？学生自由讨论一分钟，然后自由发表意见。

教学提示：学生可能会产生各类不同的意见，有的是针对当下提出的，比如进房间躲起来，找其他信任的成年人，打电话让父母立即来接等。教师最后需要归纳一下，就是尽快到一个安全的环境里，确保自己的安全，并尽快找机会告诉信任的成年人。

2. 深化讨论二：如果莉莉告诉了第一个成年人，但对方的反应是不以为然，劝慰几句，或者表示不相信，甚至责备莉莉不应该污蔑同学的哥哥，莉莉应该怎么做？学生自由讨论，然后发表意见，教师点评。

教学提示：教师的点评最终要确定一点，那就是莉莉不能因此放弃，而要不断地告诉成年人，直到有人肯信她并愿意提供保护为止。

3. 小结：如果遭遇侵害，牢记以下三点：

（1）大声说不！

（2）尽快脱身。

（3）不断告诉信任的成年人，直到有人相信并愿意帮助自己为止。

（五）有谁可以帮助我

1. 教师指导语：如果告诉第一个成年人，但对方不愿意相信这是事实，我们就需要再找下一个可能帮助我们的人，直到找到为止。那么，我们就需要一个可求助对象的清单，哪些人可以列在上面？

2. 学生自由讨论：有哪些人可以求助？

教学提示：将学生提到的可能求助对象全部板书到黑板上，根据板书情况进行总结，让学生明白每个人的求助对象清单都可以有这些人（包含亲人、朋友、老师、专业力量、法律武器等），但可能先后排序有所不同，主要根据对他们的信任度和能帮助自己的可能性大小来确定排序。

（六）儿童性侵害常识知多少

1. 教师指导语：我将出示一些关于儿童性侵害的判断题，认为是对的请用"OK"的手势表达，认为是错的用手在胸前交叉的手势表示，不确定则十指交叉相握，举过头顶做出"O"的姿势。

2. 出示儿童性侵害常识判断信息（内容见附录），学生表达自己判断之后，PPT上出示答案，教师用数据、事实简短说明理由。

教学提示：这个环节旨在帮助学生走出一些关于儿童性侵害的误区，不需要占用太多时间。如果课堂教学时间不够，可以用布置课外作业的方式完成。

3. 教师总结：学习保护自己免受性侵害是我们每个人的必备生活技能，我们不一定要用上这些知识和方法，但若遇到问题，掌握了这些知识和方法，我们也能从容应对。

附录

（一）案例情境：这样的身体接触你能接受吗？

1. 爸爸介绍一个叔叔跟你认识，叔叔跟你握了一下手。

2. 你在教室外玩耍的时候，突然一个隔壁班不认识的人跑来抱住你。

3. 在公交车上，旁边有一个陌生人不停用手上下抚摸你的背部身体。

4. 上课时，在老师指导下做放松游戏，同学们围成一个圈，每个人为前面的同学按摩肩部。

5. 上课时你开小差了，老师走过去摸了下你的头，示意你好好听课。

6. 邻居大哥在家里没人的时候把你叫过去玩，非要抱你坐在他的腿上一起打游戏。

7. 吃饭时你胸前衣服上沾了饭粒，有人要帮你清理。

8. 课间你在黑板上写字，有人在你臀部拍了一巴掌。

9. 六一儿童节小姨父买来新衣服做节日礼物，家里没人的时候，他提出要帮你脱掉衣服试穿新衣。

10. 你发烧了，妈妈带你看医生，医生用听诊器伸进你的衣服贴在胸口听诊。

（二）儿童性侵害指什么？

儿童性侵害是指成年人在儿童未认识到此种行为的情况下，引诱或强迫儿童进行的性行为，是以儿童为目标满足自己的性需求或达到其他目的的行为。儿童性侵害包括身体接触和非身体接触两种情况。受侵害的儿童不仅有女孩，也有男孩。

与儿童身体发生接触的儿童性侵害行为，包括强奸儿童，猥亵儿童，引诱儿童卖淫，组织、强迫儿童卖淫等。非身体接触的儿童性侵害包括在儿童面前暴露生殖器官，迫使儿童暴露隐私部位，在儿童面前自慰，用猥琐的语言对儿童进行性挑逗，拍摄儿童裸体照片，引诱或强迫儿童看淫秽读物、电影、网站，隔着衣服触摸儿童的生殖器官、乳房等。

强奸是指违背被害人的真实意志，强行与被害人发生性交行为或与未满十四周岁女性未成年人进行性器官接触的行为。猥亵是指违背被害人的真实意志，强行与被害人发生除性交以外的行为，包括抚摸、舌舔、亲吻、搂抱等行为。直接触摸儿童的生殖器官、乳房，让儿童用手、嘴接触他人的生殖器官、乳房，把阴茎或异物插入儿童阴道、肛门等都属于身体接触的儿童性侵害。

（三）儿童性侵害的常识判断

1. 发生了隐私部位的身体接触才是性侵害。（错，有非身体接触的性侵害）

2. 儿童性侵害受害人都是女孩，男孩是安全的。（错，男孩一样可能遭遇性侵害）

3. 施加性侵害的色狼都是男的。（错，男性加害者占绝大多数，但不排除女性加害者或者帮凶）

4. 陌生人给的零食和饮料不能吃。（对，这是不安全的）

5. 熟悉的邻居、经常来往的亲戚、家里的亲人都是安全的，他们可以接触我们的隐私部位。（错，大多数性侵害作案者是熟人）

第四课　反对欺凌，友好相处

一、活动目标

1. 体会校园欺凌事件中受害者内心的伤痛感受，从而产生共情，认识到不管何种程度的欺凌，都会对人产生伤害。

2. 帮助有过欺凌行为的学生反省自己的观念与行为，由此开始改变。

3. 让学生认识到学生欺凌的恶劣性质，自觉抵制欺凌行为，知道若自己或他人遭到欺凌时，如何寻求帮助。

二、活动准备

教师准备：

1. 从近期网络报道的欺凌事件中选取一两例，做成PPT（尽量自备，事件当事人最好是小学五六年级学生，形式内容见附录；若没有合适的，也可以直接采用附录的内容）。

2. 根据本校常见校园欺凌现象，准备学生欺凌角色扮演材料2则（尽量自备，形式内容见附录；若没有合适的，也可以直接采用附录的内容）。

3. 动员男女生各1名参与角色扮演，指导他们在课前熟悉角色扮演材料，以及活动程序。

学生准备：课前观察身边的欺凌现象（不限于校园欺凌）。

三、活动过程

（一）欺凌现象面面观

1. 教师导入语：人与人之间的相处应该是友善而快乐的，但我们常常能看到生活中存在欺凌现象。受欺凌的一方，在这样的相处中遭受身心的伤害，也可能为了报复而成为欺凌者。在你的生活中，是否见到过，或者经历过欺凌事件？

2. 从自愿分享的学生中指定1~3位来分享。

3. 教师总结：受欺凌的人生活在恐惧与屈辱之中，而欺凌者习惯用暴力方式解决问题，他们都将生活在暴力的阴影之下。这不是人与人之间健康、积极的相处方式。

（二）看新闻，谈感受

1. 教师导入语：同学们，欺凌可能发生在各种场合，而今天我们要讨论发生在学生之间的欺凌现象（以PPT出示"学生欺凌"四字揭示主题）。这是一个严肃而沉重的话题。校园本应该是同学们的学习乐园，大家应该在此友好相处，愉快学习，但却不时发生令人痛心的欺凌事件，给受害人带来身心的伤害。希望同学们以严肃的态度来对待接下来的活动，认真思考，细心体会，不能以戏谑的态度去谈论受害人的处境，因为这也会带给受害人伤害。下面我们先来了解一起近期网络上报道的校园欺凌事件。

教学提示：之所以在导入语中特别要求学生严肃对待这个话题，是因为有的学生是非观念薄弱，在没有与受害者共情的情况下，会认为受害人的遭遇是一个好笑的情境。正是这样的心态，导致许多校园欺凌事件被当作"过分的玩笑"来对待，使受害人得不到应有的支持，而欺凌者也缺乏自责与内疚感。

提示的目的在于让学生以严肃的态度参与活动，认真参与体验，尤其是在下一个活动环节中。

2. 出示PPT案例（案例自备或见附录），教师朗读一遍。

3. 提问：如果你是受害人，你会有什么感受？如果你是那两个欺凌者，你可能是出于什么原因这么做？

学生自由发表感想，可以从受害者角度，也可从欺凌者角度。

（三）我们都在现场

1. 教师导入语：在这起网络报道的欺凌事件中，欺凌者及其家长声称并非欺负人，仅仅是开了一个有些过分的玩笑，顶多算是一个恶作剧。有些欺凌事件中，情节比这起事件还轻，欺凌者更不以为然，不认为是欺凌事件。但他们都忽略了遭受欺凌者的处境与感受。就算身体没受到明显的伤害，内心的恐惧感与屈辱感也足以让当事人陷入地狱之中。接下来我们将参与两个校园欺凌事件，我们想象自己都在现场，直接作为当事人，去体会和表达其中的感受。

2. 教师讲角色扮演要求：①由一名同学扮演受到欺凌的人，3~5名同学扮演欺凌者。②其他同学在活动过程中临时做出选择，可以选择作为受欺凌者的心理活动代言人，走到其身后去表达其内心感受；也可以选择作为欺凌者的心理活动代言人，走到其身后去表达其行动背后的想法。③还可以选择作为当时的旁观者，表达自己目睹这一切发生时，自己的想法和可以做出的反应。

3. 角色扮演及互动：

（1）一名女生扮演受欺凌者坐在讲台一侧，3~5名志愿者

扮演欺凌者站在讲台另一边。受欺凌者以第一人称读出角色扮演材料1。

（2）教师提问：当遭受欺凌时，她内心有什么感受？谁愿意作为她的思想代言人，上台表达她此时的内心活动？学生举手，教师指定学生上台站在女生背后，大声表达。

要求：以第一人称表达，想法或感受均可，人数3～5人。

（3）教师提问：韩宝内心十分痛苦，在新环境里处境艰难。这些欺负她的同学为何要这么做呢？他们这么做的时候，是什么心态？谁愿意作为他们的思想代言人，上台表达他们的内心活动？

要求：以第一人称表达，想法或感受均可，人数3～5人。

（4）当这一切发生时，班上其他人是什么感受和想法呢？会有人站出来维护她吗？如果没有，大家是怎么想的呢？哪一位旁观者愿意表达内心的真实活动？

要求：以第一人称表达，想法与感受均可，人数3～5人。

（5）换一名男生进行角色扮演，流程同上。

教学提示：如果时间不够，可以只做一轮角色扮演；两份材料任选一份即可。

（四）结课，学生谈收获

教学提示：如果角色扮演环节顺利，学生表达充分，在结课时教师不必做太多总结，提提希望或要求就行了；如果角色扮演效果不理想，学生表达不够，教师需要在结课时进行总结，要点如下：

1. 任何时候与人相处都要考虑他人的感受，正是"己所不欲，勿施于人"。

2. 以欺负他人的方式来娱乐自己是非常不道德的，这不仅会给他人造成身心伤害，自己将来也会因此而感到内疚，让本来可以很美好的同学关系抹上一层阴影。

3. 有的同学因为喜欢某个异性同学，却不懂如何表达这种喜欢，也不知道应该如何去与对方接触，就以捉弄或欺负的方式引起对方的注意。但是这种方式是绝对不会换来对方的好感的。正确的做法是以尊重与爱护的方式与对方相处，给彼此留下美好的回忆。

4. 欺凌事件会产生非常严重的后果，甚至触犯法律，为双方当事人及其家庭带来极为不良的影响。

附录

学生欺凌角色扮演材料

1. 我叫韩宝，是一名女生，正在上小学六年级第一学期。最近转到邻村小学，新的小学环境还不错，校舍也很新，但这个环境没有给我留下美好的记忆，却只有伤痛。刚到新的班级，我就被起外号"憨包"，一到课间，教室里就响起各种腔调的"憨包，过来"的呼声，还有一阵阵的哄堂大笑。我的同桌为表明跟我划清界限，在桌上画了"三八线"，总借口我越过线而用拳头捶我的胳膊，一节课能被捶好几次。

2. 我叫刘新，是一名小学男生。上五年级的时候，有几个男生喜欢在班里惹是生非，合伙取笑、欺负他人，我就是被他们欺负的人之一，我并不知道为什么他们选中我作为欺负的对象。他们在课间拿起我的书乱扔，撕掉我的作业本，常常让我在下一节课找不到课本或其他学习用具；他们还把我的书包扔

着玩,而他们看着我徒劳地奔来奔去试图抢回书包时,却乐得哈哈大笑。我希望永远都在上课,不要下课,不要有课间,这样我就不用承受被取乐的耻辱了。

第五课 支持，我会找

一、活动目标

1. 了解在遇到问题时可以从哪些地方获得帮助和支持。

2. 掌握在学校、社区以及其他地方寻求帮助的具体方法。

3. 意识到在遇到虐待、欺凌等问题时，可以向信任的人或相关机构寻求帮助。

二、活动准备

教师准备：白纸、支持圈。

学生准备：彩笔。

三、活动过程

（一）导入：复习导入

1. 回忆：下面的情境属于什么？（四年级上学期第四课情境选用，见附录）

2. 在我们身边，还有类似的事情吗？遇到这类事情你会怎么做？

3. 教师总结：随着年龄的增长，我们的人生需要面对的事情逐渐增加，处理事情的办法也需要更加灵活，在遇到问题或者困难时，我们要学会求助。

（二）情境分析

1. 教师出示情境：小京五年级了，在他的小区有好多小伙伴，有几个是上初中和六年级的哥哥。他们经常一起玩耍，特别是周末，会安排各种各样的活动。一个周末，上初一的小杜告诉小京，他家有很多好玩的玩具，还有电视可以看。小伙伴们在小杜的盛情邀请下，去了他家。一开始他们简单地玩了会儿小游戏，小杜便打开电视。小京发现小杜播放的视频有些问题：原来小杜正在播放的是色情片，这让小京有些接受不了，当场就要求回家，可是小杜和几个大哥哥不肯，要求他们继续看完，并且威胁他们说："不准走，走了小心下次看见了揍你！还有，不许告诉大人，不然你就完蛋了。"

小组讨论：小京该怎么办？

2. 教师继续出示情境：小京回家后想到小伙伴们的威胁，还是觉得有些害怕，于是便将这件事藏在了心底。一个周末，小伙伴们又找小京一起玩，这一次，小京直接拒绝了，可是小杜和另一个年纪大些的小韦拿出一把小刀，指着小京，威胁道："你确定不跟我们走？"

小京这时应该如何应对？请你给小京出出主意，并进行情境表演。

3. 教师结合情境表演和学生回答总结出方法并板书。

4. 总结提示：在遇到危险情况时我们应该视情况而定，如果不能马上脱离，先妥协，等脱离危险以后，找自己信任的能帮助我们的成年人或者是社会机构帮助自己，寻求可以支持自己的力量。

（三）支持力量我会找

1. 在白纸上，用同心圆画出自己的支持圈（见附录）。

第一圈是最信赖的亲人，第二圈是可以帮到自己的长辈，第三圈是专业人士，第四圈是行政机构。

在左边写出每一圈的具体的人。

2. 在画好的支持圈中，将每个圈中的联系方法标记出来。

在右边写出对应人的联系方法。

3. 组内分享：小组内举例说明自己经历过的一件事，你是怎样寻求支持的，这件事还有其他力量可以支持或帮助自己吗？

4. 支持自己的力量，是需要我们自己去发现的，而寻求帮助与支持的方法和技能也需要在平时的生活中练习。

（四）总结

我们要学会欣喜迎接惊喜，也要沉着冷静应对困难。希望你们通过不断学习，能掌握更多解决问题的办法。

附录

（一）复习相关概念

1. 偏见：现在仍然有人说男孩应该是强壮的，男孩应比女生聪明。女孩就是软弱的，长大应该在家煮饭带孩子。

偏见是个人对他人或其他群体所持有的缺乏充分事实依据的认识和态度。

2. 成见：小强犯了一次错后，班上每次有同样的事情发生，同学们总说是他做的。

成见是对人或事物所抱的固定不变的看法。

3. 羞辱：肖梅老家在山区，同学们因此给她取绰号"山梅"。

羞辱的意思是使蒙受耻辱。

4. 不宽容：贝贝和王刚因为一件事的意见不合，起了些争执，贝贝意识到问题马上向王刚道歉了，可是王刚得理不饶人，说："道歉有什么用！"还好几天不理贝贝。

不宽容主要表现为：心胸不宽广，没有气量，计较或追究。

5. 骚扰：下课时小美喜欢一个人看书，小柳总是去碰小美，让小美没有办法专心看书。

骚扰主要表现为：扰乱他人，使之不得安宁。

6. 排斥：然然智力有些低下，同学的妈妈知道后，让自己的孩子不准和然然玩。

排斥主要表现为：排挤、清除和自己意见不同或不属于自己集团派系的人。

7. 欺凌：昊昊是班上数一数二的大个子，他常常叫彬彬帮他做事，彬彬不答应，他就教同学们不准和他玩，还经常和同学们一起骂他"笨蛋"，甚至有时还会打他。

欺凌主要表现为：以强力压迫和侮辱、欺负、凌辱他人。

（二）我的支持圈

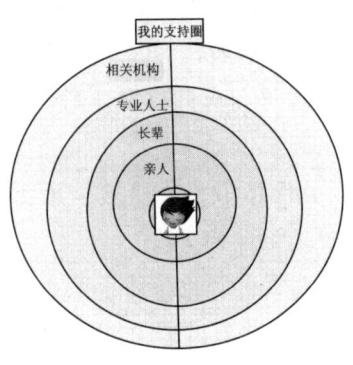

六年级
（下学期）

第六课　传媒中的性信息

一、活动目标

1. 了解网络媒体可以帮助我们获取各类信息，但这些信息可以分为有益、有潜在危险以及看情况的几种；了解法律中性信息的相关条例。

2. 能够区分信息是有益、有潜在危险以及看情况的，并能够列举出有益和潜在危害是什么。

3. 能够欣赏网络媒体的价值，并意识到其中存在的风险，改变对性信息的看法，并能够形成法律是保护自己的武器、遵纪守法的意识。

二、活动准备

教师准备：

1. 准备10cm×30cm彩色纸条，红色纸条写上"有潜在危险"，绿色纸条写上"有益"，黄色纸条写上"看情况/中立"，用于学生将性信息分类的活动。

2. 用A4纸裁制准备数十张纸条（每张A4纸大约裁制6张，纵向对折，横向三折），用于小组信息分类。

3. 准备一些现成的性信息纸条（内容见附录），以补充学生搜集材料的不足。

4. 网络性信息的相关案例。

学生准备：

从各类媒体搜集关于性和性别的信息（此工作应由教师在上一次课后布置）。

三、活动过程

（一）谈话导入：媒体与性信息

1. 提问导入：生活中，我们主要通过哪些途径获得信息？

可能的回答：电视、网络、手机、报纸、书籍、收音机等。口耳相传也是传播方式之一。

2. 教师讲解，帮助学生理解传媒。

传媒，就是传播各种信息的媒体，包含传播组织机构，也包括传播信息资讯的载体，即信息传播过程中从传播者到接收者之间携带和传递信息的一切形式的物质工具。传媒机构可以是私人机构，也可以是官方机构；按传播渠道可分为纸类媒体（报纸、杂志）、音频媒体（广播电台）、视频媒体（电视、电影），还有现代的网络类媒体（互联网）。

3. 引入讲解性信息。

（1）从这些媒体中你会获得很多信息，这些信息都有哪些？

可能的答案：学习、广告、游戏、电视节目、娱乐、新闻等信息。

（2）这些信息中有一些信息与性有关，我们称为性信息。媒体中提出的关于"性"的问题，分享相关意见、见解、经验和观点时，也属于性信息。

性信息：与生殖、性别、男女特质、两性关系等有关的信息。

（3）你在媒体见过哪些性信息？

教师为每组分发10~20张白纸条。学生将性信息写在纸条上。

可能包括：媒体传播的性知识、性教育学习材料、各类广告、游戏弹窗、人体图片、电影电视剧、小黄片、黄色漫画等。

教学提示：教师补充讲解。若学生写的不多，教师可按附录提前准备。

（4）全班一起精选出10条左右典型性信息，并标注序号，为下一环节分类做准备。

（二）媒体中的性信息分类

1. 教师导入语：这些性信息，有些能给人提供帮助，有些则给人带来负面的影响。家长会制止我们接收他们觉得不好的性信息。所以我们把对我们有好处、有帮助的信息，有好的影响的信息分为有益信息；把对我们有害处、有无法预测的危险，有坏的影响的信息分为有潜在危险的信息。当然，还有一些没有好坏之分，就看你怎么去使用，无法区分、无帮助，对我们无影响的信息可分为中立或看情况的信息。

这三类信息，我们分别用绿色、红色和黄色来表示（把准备好的彩色纸依次贴在黑板上方顶端）。

2. 小组讨论与分类。

将上一环节精选出来的性信息词条写在纸条上，并按"有益""有潜在危险""看情况/中立"讨论其分类。

3. 展示与讨论。

（1）请一组将搜集的词条按小组讨论分类，贴在黑板彩色纸条下。

（2）其他组表态是否同意分类；不同意的提调整建议，以及建议的理由，与展示组进行辩论，决定是否进行调整。

（3）其他各组依次完成上述两个环节。

教学提示：通过展示与辩论活动，学生发生思想和观念碰撞，会发现有些信息是否有益或有潜在危险其实没有绝对标准。对于不同情境、时间、年龄段、人物，分类有着不同的标准。但有一些信息是有明确标准的，如淫秽物品，是国家法规严令禁止的有潜在危险的信息。

（三）性与色情

1. 出示部分图片信息，请大家判断是否属于淫秽物品。示例如下：

（1）米开朗琪罗的大卫雕塑。

（2）新婚青年婚纱亲吻照。

（3）青春期男女孩身体发育图片。

教师总结：这类信息向我们展示了人类身体和爱情的美好，传递给我们身体发育的知识，并非淫秽物品。人类美术史上有许多人体绘画和雕塑，展现人体的力量与美，也不是淫秽物品。恋人和夫妻也会用亲密的动作与行为来表达对彼此的爱意，医学生了解与研究人体的结构和发育情况是正常现象。

2. 教师解释淫秽物品：如果图书、音像制品以违背社会规范的露骨语言和画面来刺激人的感官，诱发人难以遏制的性欲望，就是淫秽物品。淫秽物品对处于身心发育阶段、自制力不够的青少年危害尤其大，如青少年沉溺于色情网站不能自拔，使人迷恋于身体感受，会影响正常生活与学习。淫秽物品就是通过激发人对这类产品的需求，以此牟利。这在我国是违法的。

（四）面对媒体中的性信息

1. 教师导入语：网络的海量信息，既为我们提供了方便，也给我们获取有效信息带来困难。有时候搜索想要的信息时，会出现一些真假难辨的搜索结果；有时候点开一个网页，页面出现一些弹窗，或许多广告，常常有色情内容或夸张的性形象；我们在生活中也会处处接触到各类性信息，我们需要辨别真伪，懂得选择。

2. 教师出示妞妞上网时面对的各类信息情境（见附录），让学生根据自己的想法进行判断，对每个情境进行举牌，绿色代表有益、黄色代表要看情况、红色代表有潜在危险。

教学提示：根据现场情况判断哪些信息是真实可信的，哪些信息是虚假有害的；哪些是有益，哪些是有潜在危险的。在判断中不断明晰，同时强化学生的法律意识等。

3. 教师出示案例（见附录），如果你是妞妞，你会如何选择？

（1）要把图片发给同学看吗？说明理由。

（2）要拍自己的照片并发给对方吗？说明理由。

教学提示：此处说明理由可从法律的角度和保护自己身体权进行总结，具体可使用传播淫秽物品罪和网络性侵角度出发。

4. 如何处理意外获得的性信息？学生自由讨论发言。

教师总结提示：生活中的性信息有很多，好的、积极的信息我们要保留、学习，还可以向别人推荐；坏的、消极的信息我们要直接关闭，还可以举报，或告诉师长等。

附录

（一）性信息卡片内容示例

预防性侵方法，小黄片，人体雕塑，色情广告，色情游戏，生殖器官保护方法，同性恋，黄色网页，经期护理方法，恋爱关系被曝，身体隐私部位图片，婚纱亲吻照，电视剧中吻戏，裸体照片，遗精知识。

（二）妞妞上网面对的各种情境

（1）爸爸妈妈为妞妞在一个网络平台报了一个学习青春期性教育的的课程。

（2）妞妞因为在这个线上课程学习认识了很多小伙伴，在大家提议下，他们元旦节准备举行一个小型的文艺活动来增进同学情谊。

（3）妞妞自从上线上课程起，就开始使用平板进行上网，在QQ、微信、抖音、游戏网站、软件都注册了账号！假期几乎每天游戏时间长达五小时。

（4）妞妞交的网友和自己一样都喜欢追星，喜欢某个明星到了痴迷的状态，甚至她们总是幻想着自己也能拥有那位女明星一样的好身材。

（5）妞妞最近对一个科技发明很感兴趣，于是总是在网上搜索，这天她点进一个链接，竟然是一个色情游戏网站。

（6）妞妞会把自己的照片传到网络，其中一张隐私的照片被W通过网络技术获取，W通过钓鱼链接获取了妞妞的微信并加了她，还要求妞妞发送10000元钱过去，不然就把这张照片发给妞妞身边的人！

（三）妞妞如何抉择？

妞妞最近在网络上加了一个好友，自己有任何烦恼这个好友都很理解她，但是这个好友最近总是给她发一些穿着暴露的女生的图片，还给妞妞发信息说："你可以把这些图片给你的同学看，你也这样穿了拍照给我。"

第七课　媒体男女

一、活动目标

1. 能意识到媒体中描述的男性女性形象所具有的特点，能够带着批判的思维质疑媒体中所呈现的男性或女性形象，并懂得这些形象会对自己在性与性别方面的价值观产生影响。

2. 了解大众媒体在呈现男性和女性形象时可能是积极的，也可能是消极的；并理解这些理想形象与生活中的真实形象是有差异的。

二、活动准备

教师准备：下载具有一定性别刻板印象的广告视频或图片。

学生准备：全班分成若干组，每组4～6人，分组准备电视剧片段表演（学生根据自己现阶段喜欢的电视剧，选取一个经典的男女主角对手戏片段进行排练，每组表演时间不超过2分钟）。

三、活动过程

（一）聊聊媒体男女

1. 教师导入语：每部电视剧都会有很多男女角色，这些角色有的我们很喜欢，有的却很讨厌；我们喜欢或讨厌的不是演员本人，而是他们所演的角色。下面，我们来列举一下我们喜欢或讨厌的角色。

2. 描述喜欢或讨厌的男女角色。

（1）在黑板左边写下喜欢的角色，在右边写下讨厌的角色。

（2）让学生说出最喜欢的男主角或女主角各三人，在左边写下名字，然后列举这些角色让他们喜欢的地方。

（3）让学生说出最讨厌的男角色或女角色各三人，在右边写下名字，然后列举这些角色让他们讨厌的地方，可以概括性地写在姓名之后。

3. 总结与思考：

（1）喜欢的女主角有没有共同点？喜欢的男主角有哪些共同点？讨厌的呢？

（2）我们喜欢的主角，性别对我们喜欢他们的理由有影响吗？喜欢女主角的理由，可不可以成为喜欢男主角的理由？

（3）不同性别的角色，我们讨厌的理由一样吗？

4. 教师总结：

对于电视剧所塑造的形象，我们在欣赏的时候会因其性别不同而有不同的欣赏标准；而电视剧在塑造这些形象时，也会考虑迎合观众的欣赏趣味，塑造观众认可与喜欢的形象，让观众在认同时痴迷其中。不同时期的观众对理想男性、理想女性的认识和标准不同，因此电视剧在塑造形象时也会有所不同。

教学提示：因地域、时期不同，学生观看的电视剧也有差异。教师事前宜对近期学生所喜欢的电视剧、漫画等有所了解，不至于在课堂上对于学生所提的人物一无所知。本课生成性较强，学生所提的形象可能存在较大的相似点，也可能是各种不同的类型；学生的欣赏趣味可能很一致，也可能有分歧，都需要教师随机应变。

（二）剧组表演

1. 学生依次表演课前排练的电视剧桥段。

2. 分析总结：男主角都有什么特点？女主角都有什么特点？

3. 教师总结：这些男女主角在很大程度上代表了大众对男性和女性的基本看法。

（三）现象分析

1. 视频播放：播放教师准备的广告视频，要求学生观看并思考：广告中的男性和女性形象与我们表演中展示的男性和女性形象特点有没有相似之处？分别有什么特点？学生自由讨论3分钟。

2. 继续讨论：我们在现实生活中有没有被父母或其他长辈要求过要具有这些特点？有没有因为自己不具备这些被认定为男性或女性必备特点而受到责备？你打算遵从这些对性别的不成文规定吗？

3. 教师总结：媒体所塑造的性别形象，既受社会性别文化的影响，也影响着社会性别的塑造。这些形象所倡导的性别规范，会对青少年的成长造成一定的压力。但我们并不需要一定遵守这些性别规范，每个人都有权利做自己喜欢的样子。

（四）别人家的

1. 教师提问：我们看过的电影电视剧中，有没有自己特别欣赏的老师形象和爸爸妈妈形象？

学生自由回答，列举，并说明推举理由。

2. 继续提问并讨论：我们身边有这样的爸爸妈妈或老师吗？我们应该如何看待那些跟电视电影里不一样的爸爸妈妈和老师？

3. 教师总结：我们往往耳闻一些"别人家的爸妈""别人家的老师"，而有的爸爸妈妈也总拿"别人家的孩子"来批评自己的孩子。媒体所塑造的是艺术形象，与生活中的真实情况有很大的差距，如果我们拿电视剧主角人物的标准来评价或要求现实生活中的亲人朋友，难免会失望。我们不能用媒体所塑造的世界与人物形象来代替真实世界的生活与体验。

第八课　突破性别印象　大胆畅想职业

一、活动目标

1. 知道男孩、女孩最根本的不同是生理差异；知道人们受到家庭、学校、社会、文化的影响，而对男孩、女孩有不同的期待。

2. 能够识别生活中的性别不平等现象，勇于表达自己的兴趣、爱好和职业理想。

3. 认同人们对男孩、女孩的不同期待不一定是合理的，男孩、女孩的兴趣、喜好和对未来的职业理想不应当受到性别的限制。

二、活动准备

教师准备：磁吸职业与特征卡片。

三、活动过程

（一）游戏暖身，导入主题

老师说"大风吹"，学生问"吹什么"，老师说特征，学生根据自己情况站起来，进行多轮。

内容：吹所有男生、吹所有女生、吹以后想当老师的男生、吹勇敢的女生、吹温柔的男生、吹以后想要当警察的女生……

从教师游戏内容的规律，引出主题：性别与职业。

（二）两种性别，各有不同

1. 教师提问：既然叫性别，那就有别，那么男孩、女孩性别的差异体现在什么地方呢，我们可以从哪些方面来区分呢？

学生快速回答：上厕所不一样、头发、衣服、声音、胸部、爱美、身体、喜好、幽默、颜色……

2. 学生活动：找出一些一出生就有的不同，而且这样的差别通常情况下很难去改变。

学生说教师圈画，并解释这是一种绝对差异，我们把这种因身体构造不同而产生的不同性别叫作生理性别。

3. 请学生找出不是一出生就决定的不同。

教师介绍社会性别：受到家庭、学校、社会、文化的影响而产生的不同。社会性别还体现为社会角色的不同等。

（三）站队活动，男女平等，职业自由

1. 小组讨论，社会性别是如何体现的：以下的特征与职业在社会性别中，哪些属于男性，哪些属于女性，哪些既可以属于男性又可以属于女性。

2. 讨论完后，小组派代表按讨论结果将纸片贴到黑板上。

3. 学生贴好后，辩论哪些需要移动。根据学生的表述，全班表态是否同意，绝大部分同学同意后教师移动位置。

4. 激烈讨论与辩论后大多会移到"均可"，请学生分享感受。

学生可能会回答男性的职业女性也可以选择；那些特征好像没有区别，大家都可以拥有……

教师总结：性别的差异更多的是体现在生理性别层面，而在社会性别层面，性别是平等的，机会和权利是平等的。

（四）消除偏见，坚持自己，自由选择

1. 教师提问：对于放在了"均可"的纸片，是否有同学觉得其中的某一项还是不太适合放在"均可"呢？

学生代表发言，若无则过。

2. 教师讲解刻板印象：我们每个人多多少少都会有对性别的刻板印象，就是认为男性应该怎样，女性应该怎样。这些对性别的刻板印象也在影响着我们的生活。

3. 请学分享自己是否也遇到过类似的与性别有关的烦恼，有什么影响，自己又是如何应对的。

4. 请全班同学一起头脑风暴，还有哪些方式可以应对。

教师总结：我们只有在这些偏见面前勇敢地坚持自己，不放弃，才能做最真实的自己。

（五）分享收获，内化观念

请学生分享课堂感受。

教师总结：只要是好的特征、优秀的品质都值得我们学习。只要是自己的兴趣所在，不要受性别刻板印象的限制，大胆地去憧憬、去选择今后的职业吧！如果别人选择了不常规的职业，我们也应该尊重别人的选择。

附录

卡片内容有：

特征：整洁、温柔、勇敢、细心、坚强、赚钱、自信、带孩子、事业心、爱美、做家务、勤劳、健壮。

职业：领导、军人、理发师、运动员、护士、幼师、服务员、警察、建筑工人、保姆、厨师、司机、秘书。

……

第九课 迈向青春 走向成熟

一、活动目标

1. 知道在青春期，男孩和女孩都会对性吸引和性刺激有所反应，这是很正常的现象。

2. 让学生懂得人们常常会有性念头和性感觉，在满足性需求的条件不具备时，人们有能力也有义务克制这种需求。

二、活动准备

教师准备：案例（见附录）、小调查设计（见附录）。

学生准备：记号笔、工作纸。

三、活动过程

（一）小调查

1. 用PPT展示小调查题目，分别统计各个选项的人数，看三个题目的各选项哪些人气比较高。

2. 讨论：对于这个结果大家有什么看法？

3. 教师总结：随着青春期的到来，同学们更愿意选择与异性同学外出游玩；而同学们喜欢的电影，也多是有着青春靓丽的男女主角的电影。这些表现和青春期的性生理、性心理变化有着密切的关系。

（二）案例分析

1. 用PPT出示案例"警察与小偷"（见附录），解释这是发生在某校的真实事件。

2. 学生分组讨论：男生在游戏中的行为是正当的吗？如果你是女生，被动成为他们游戏的对象，你会有什么感受？会做出什么反应？

3. 各组派代表分享，注意不重复，后面的小组仅做补充。

4. 教师总结：这种行为侵犯了他们的身体界限，是不正当的行为，而且不能用游戏规则做借口逃避责任。被侵犯的女生会因此感觉受到伤害，出于愤怒可能会引发同学之间的冲突。即使成为被侵犯对象的女生不生气，这种行为也是不道德的。

（三）行为动机大探秘

1. 教师导入语：这些"警察"和"小偷"为什么那么喜欢玩这个游戏？我们来做一回心理专家，探索一下他们这种行为背后的动机。

2. 学生自由讨论两分钟之后，自由发言。教师择其要点简单记录在黑板上。

教学提示：因为是在说别人的事，学生在分析问题时不会有顾虑，会把自己的想法投射到故事中的人物身上，因此学生的讨论结果反馈是很重要的，代表了学生对这类行为的看法。因为发育上的差异，六年级的孩子有的进入了青春期，有的可能还没有，因此对这一案例的感受和看法就会有差异，因此教师应避免对学生所提的看法做任何评判，让学生以放松的态度，尽情发表意见。

3. 教师总结：进入青春期，男孩和女孩开始产生性的意

识,有性好奇,对性吸引和性刺激会产生一定的反应。因此,进入青春期之后,与异性的接触常常会让人感觉愉快。游戏中的男生显然很兴奋,因为从游戏中得到了某种满足感。

（四）愉快的合理接触

1. 教师导入语：青春期性意识萌发后,由于性吸引和性好奇,有接触异性的渴望,这是正常的性心理发展特点。但是,人类任何需要的满足方式,都必须在规范允许的范围内,既不能违法,也不能是不道德的。"警察与小偷"游戏显然就是一个不道德的方式。那我们能不能有一些合理的方式,来满足性好奇以及两性交往的需要呢？

2. 分组讨论：提出一些合理的满足性好奇或是满足异性交往需要的活动方式,把其中最有特色且大家喜闻乐见的方式,通过小组演示出来。

3. 教师点评：各小组演示完毕,教师进行点评,并通过表决,对这些活动方式进行排名。排名前三的活动推荐给班委,作为下周课外活动的首选。

教学提示：进入青春期后,学生有异性接触的心理需要,但因缺乏指导,有的学生就会以不当的方式制造接触机会,如前所述"警察与小偷"的游戏,还有一些男生对女生所做的恶作剧,如放虫子在女生的文具盒、拉女生小辫子等；也有女生对男生的恶作剧,如某校某班女生成立的摸摸团,课间专门伺机摸男生裆部,让男生闻风丧胆,课间不敢待在教室。本课由学生自己设计或建议一些活动,既丰富了课余活动,又合理满足了学生两性交往的需要；在教学中,还让学生明白,无论什么需要的满足,都必须遵守社会规范。这样,为下一步理解性规范，形成性行为的自我约束力打下基础，对学生青春期处理自己的性需求具有非常重要的意义。

附录
（一）课前调查

1. 如果让你这个周末邀请几个人一起去看电影，你首先想到哪些人？

  A. 爸爸妈妈   B. 同性别同学

  C. 异性别同学   D. 无所谓，和谁去都可以

2. 你最喜欢以下哪位影视明星？

  A. 刘亦菲   B. 吴京   C. 王俊凯

  D. 赵丽颖   E. 陈道明

3. 如果和同学去看电影，以下四部中你会选择哪一部电影？

  A.《阿甘正传》   B.《三生三世十里桃花》

  C.《功夫熊猫》   D.《战狼》

（二）案例：警察与小偷

六年级某班的同学在玩一个名叫"警察与小偷"的游戏。午休时，几个男同学在教室里围成一个圈，中间放上一个盒子，盒子里装着写有"警察"和"小偷"的纸条，每人随机抽取一张，抽到写着"警察"纸条的可以命令抽到"小偷"纸条的同学去做一些侵犯他人身体的事，比如去抱某个女生，摸某个女生的脸，拍某个女生的屁股等，而"小偷"必须无条件服从。游戏持续了两周，直到有女生告到班主任那里，才在受到批评之后停止。据统计，班上有17名男生参与了该游戏，被抱或摸的女生有12人。

第十课　青春的悸动

一、活动目标

1. 了解青春期来临时会产生各种各样的性心理变化（性萌动），会对自我身体进行探索（如自慰、观察自己的身体等）。

2. 了解处在青春期的青少年身心尚未发育成熟，可以向信赖的成年人或同学、朋友讨论交流与性有关的话题，并得到他们的理解和帮助。

3. 学习科学、安全、私密、卫生地探索自己的身体的方法，包括自慰。

4. 自慰不会对身体或情感造成伤害，但应在私密环境里进行。

二、活动准备

教师准备：案例准备、工作纸。

学生准备：彩笔。

三、活动过程

（一）复习导入

1. 回顾有关生命周期的内容：在不同的生命周期分别会发生哪些身体变化？

2. 教师总结：每个人都会经历从出生到老去，从婴儿、儿童变为少年、青年、中年、老年的阶段，每一个阶段身体都会发生一些变化。青春期身体会有很大的变化。

3. 回顾青春期身体会发生的变化。

4. 教师总结：在青春期，不仅身体形态会发生变化，心理会发生变化，而且会产生新的身体感受。

（二）探索自己的身体

教学提示：这一环节教师通过不断提问来层层深化相关知识，推进教学进程。主题就是了解自慰，以及探索与成年人讨论性话题的可能性与必要性。

1. 出示案例：有一个学生在洗澡的时候无意之中触摸到自己的生殖器官，当时他突然产生一种特别愉悦的感觉，后来他再洗澡的时候，就会有意无意地刺激自己的生殖器官，感觉很舒服。

2. 案例讨论：案例中的学生发现了什么？是通过什么方式发现的？他感觉怎么样？

教学提示：解释这种愉悦感可以称为性愉悦，人从出生以来就有这样的感受，这也是一种感受生活的能力。

3. 你们知道这种探索自己身体的行为叫什么吗？

教学提示：学生有可能提供一些方言中的提法，教师最后要给出一个科学的称谓：自慰。

4. 他想把这件事告诉爸爸，想问爸爸的看法，你赞同吗？

教学提示：学生对这个问题的回答可能会有较大差异，这是因为家长在跟孩子讨论性话题时有不同的态度，有的家长比较开明，而有的家庭里性话题可能是禁忌。因此，讨论分享后，教师应指出：我们可以和成年人交流性话题，这样的交流也能让我们获益。但有的家长对此可能比较难以接纳，而有的家长则不然。我们可以根据自己对家长的了解，选择要不要与家长交流。如果不方便与家长交流，也可以选择其他信任的成年人，如老师、学长以及其他长辈。

5. 教师总结：自慰是发生于所有年龄阶段的男性和女性正常的性行为，是获得性愉悦和释放性能量的常用方式。

教学提示：帮助学生了解在青春期来临后个体会产生新的身体和心理需要，有对自我身体进行探索的渴望（包括自慰）。当自己有与性有关的困惑时，可以和信赖的成年人交流，或从各种途径寻求帮助。

（三）这种情况怎么办？

1. 用PPT出示案例。

（1）上语文课时，其他学生都在认真地听课，而一位叫明明的男同学全然不顾旁边坐着女同学，就开始玩弄自己的生殖器官，他旁边的女同桌偶然看到了，发出一声尖叫声，扰乱了上课秩序。

（2）据报道：一位男生在爬树时发现外生殖器官与树摩擦时感觉很舒服，于是又反复上下摩擦了几次，后来发现自己外生殖器官的皮肤红红的，很痛。

2. 这两位同学的做法，你觉得恰当吗？说说理由。

3. 教师总结：自慰是一种安全的性需求满足方式，本身并不会影响身体健康，但是需要注意隐私保护，以及卫生与安全。如果自慰使用了不恰当的用具，不讲卫生，就有可能误伤生殖器官或造成感染。而在公共场合自慰，既暴露自己的隐私，也是不尊重他人的表现。